新版 風間八宏の
サッカースクール
トラウムトレーニング

トラップが身につく本

監修 トラウムトレーニング

JN135721

マイナビ

プロローグ

「トラップ」って何だろう!?

　サッカーにおいてどんな技術に重点を置くかは、プレーヤーや、指導者によって異なるでしょう。パスやドリブル、シュートやフェイントなど、どれもがサッカーというスポーツの中では重要な技術であり醍醐味であることに間違いありません。しかし、今、挙げた技術は、元をたどっていくと、どれもある一つの技術に支えられていることが分かります。
　それが、『トラップ』です。

　皆さんは、トラップという技術をどのようにとらえていますか？　ボールを止める技術。確かに、それも間違いではありません。

Prologue

しかし、止めたボールの位置が自分の蹴りにくい場所だったらどうでしょう？ 蹴りにくい位置にボールがあると、スムーズに次のプレーにつなげることができません。

つまり、トラップとはボールを『止める』ことではなく、ボールを『自分が最も早く正確に次のプレーに移れる場所に止める』ことだと考えることができるのです。

そういった考えの元、トラップをトレーニングに組み入れているのが、風間八宏氏（現・名古屋グランパス監督）が創設し、代表を務める、トラウムトレーニングというサッカースクールです。

本書は、トラウムトレーニング監修の元、トラップ技術向上のためのトレーニングメニューをまとめています。

トラップはプレーの起点です。

トラップがうまくなれば、自分の思い浮かべるプレーを体現できるようになり、よりサッカーを楽しめるはずです。

トラップがうまくなれば、これまではタイミングが合わなくて打てなかったシュートも決めることが可能でしょう。

本書で紹介するトレーニングを繰り返し行ってみてください。あなたはきっと、トラップに対する認識を改めることになるでしょう。そして、サッカーは自由で楽しいものだと感じることができるでしょう。

プロローグ 「トラップ」って何だろう!?	002
本書の使い方	008
風間八宏からのメッセージ	010

Chapter 1

局面をワンプレーで変えるトラップとは何か？
はじめに知っておきたいこと　　011

Lesson 1　　レッスン 1
トラップとは何か？

- ボールを止めることの意味 …………………………………………………… 012

Lesson 2　　レッスン 2
トラップ時にボールを置く「自分の置き場所」を知る

- 次のプレーにつなげるためにボールを最適な場所に収める意識づけ ……… 014
- 「自分の置き場所」にボールを置くことの重要性 …………………………… 016
- 「自分の置き場所」にボールを置かずに縦方向に大きく押し出してしまった場合… 018
- 「自分の置き場所」にボールを置かずに横方向に大きく押し出してしまった場合… 019
- どんなボールが来ても必ず「自分の置き場所」に収めよう ………………… 020
- ボールにどうタッチするか理解しよう ………………………………………… 022

Contents

Chapter 2　トラップ基本編　025

ウォーミングアップ01	グリッドを使ったキャッチボール	026
ウォーミングアップ02	「自分の置き場所」を知る！	030

Trap Selection　トッププレーヤーの「神」トラップを厳選！　トラップセレクション
No.1　イニエスタ　………　032 / 036　　　No.2　ロナウジーニョ①　………　034 / 037

基本トレーニング01	キャッチボール	038
基本トレーニング02	逆足を意識したキャッチボール	040
基本トレーニング03	ポイントをずらすキャッチボール	042
基本トレーニング04	角度をつけたキャッチボール	046
基本トレーニング05	壁当て①（ボールタッチをイメージする）	048

Trap Selection　トッププレーヤーの「神」トラップを厳選！　トラップセレクション
No.3　ラウル　………　050 / 054　　　No.4　香川真司　………　052 / 055

基本トレーニング06	壁当て②（パスの角度を変える）	056
基本トレーニング07	動きながらパスを受ける①（正面からのボールに向かいながら…）	058
基本トレーニング08	動きながらパスを受ける②（正面からのボールをターンしながら…）	060
基本トレーニング09	動きながらパスを受ける③（正面からのボールを背走しながら…）	062
基本トレーニング10	動きながらパスを受ける④（背後からのボールを逃げながら…）	064

Trap Selection　トッププレーヤーの「神」トラップを厳選！　トラップセレクション
No.5　ゲッツェ　………　066 / 070　　　No.6　スアレス　………　068 / 071

基本トレーニング11	浮き球を受ける①（狭いスペースで正確なタッチを身につける） … 072
基本トレーニング12	浮き球を受ける②（正面からのボールを受けて方向転換）……… 074
基本トレーニング13	浮き球を受ける③（いろいろなボールを正確にコントロール）……… 076
基本トレーニング14	浮き球を受ける④（頭上を越えるボールを追う）……………… 078

Chapter 3 トラップ応用編 081

応用トレーニング01	移動しながらのキャッチボール ………………………………… 082
応用トレーニング02	三角パス①（パス交換をポストに限定）………………………… 084
応用トレーニング03	三角パス②（手を上げたらパス禁止）………………………… 086
応用トレーニング04	三角パス③（攻撃方向を設定する）…………………………… 090
応用トレーニング05	三角パス④（ゴロと浮き球で交互にパス）…………………… 092

Trap Selection　トッププレーヤーの「神」トラップを厳選！ トラップセレクション
No.7 ネイマール …………… 094 / 098　　**No.8** メッシ …………… 096 / 099

応用トレーニング06	相手を外してトラップ①（動き出しのタイミングを意識）……… 100
応用トレーニング07	相手を外してトラップ②（攻撃方向へのターンを意識）……… 104
応用トレーニング08	背後から来るゴロのパスをトラップ〜シュート ……………… 106
応用トレーニング09	背後から来る浮き球のパスをトラップ〜シュート …………… 108
応用トレーニング10	狭いスペースで相手を外してトラップ〜シュート …………… 110

Trap Selection　トッププレーヤーの「神」トラップを厳選！ トラップセレクション
No.9 リバウド …………… 112 / 116　　**No.10** ロナウジーニョ② …… 114 / 117

Contents

応用トレーニング11	背後から来るロングボールをトラップ〜シュート	118
応用トレーニング12	横から来るロングボールをトラップ〜シュート	120
応用トレーニング13	トラップ際での1対1	122

Chapter 4　トラップ発展編　125

発展トレーニング01	状況判断を加えたキャッチボール	126
発展トレーニング02	密集でのパス練習①（スペースとギャップの意識）	128
発展トレーニング03	密集でのパス練習②（鬼ごっこ）	130
発展トレーニング04	相手を外してトラップ〜シュート①（後方からグラウンダーのパスを受けて）	132
発展トレーニング05	相手を外してトラップ〜シュート②（後方からのロングボールを受けて）	134
発展トレーニング06	三角パス⑤（密集で相手を外してパスを受ける）	136
発展トレーニング07	3対1①（2タッチ以上の連続禁止）	140
発展トレーニング08	3対1②（リフティング）	142
発展トレーニング09	4対4＋フリーマン	144
発展トレーニング10	11対11（ペナルティーエリアの幅でハーフコートのゲーム）	146

Trap Selection　トッププレーヤーの「神」トラップを厳選！　トラップセレクション
No.11 ベルカンプ　148 / 152　　**No.12 ジダン**　150 / 153

エピローグ　154
TRAUM TRAINING紹介　156

本書の使い方

本書の2章、3章、4章でトレーニング内容を紹介するページの見方を説明します。

2章の内容は、トラップを身につけるための基本トレーニングとなっています。基本的には2人で行うトレーニングとなっていますが、壁を使って1人でできるトレーニングも紹介しています。3章の応用トレーニング、4章の発展トレーニングは、基本トレーニングで身につけた技術をさらに伸ばすためのメニューとなっています。3章以降のトレーニングは3人以上で行う、より実際の試合に近い感覚を養うものです。

Point 01
トレーニングの目的を理解しよう!

トレーニングの目的や、人数、練習時間を説明しています。何を目的としたトレーニングなのかをしっかりと理解して、それらを意識しながらトレーニングを行いましょう。

Point 02
実際のトレーニングの動きを紹介

トレーニングの動きを、図解とともに紹介しています。複数人でのトレーニングでは、全員がトレーニングの動きを把握しておくことで、よりスムーズに動け、トレーニングの質を高められます。

基本トレーニング04 練習時間 10分 人数 3人

角度をつけた キャッチボール

パスの角度が変わる時、体を移動させてボールを「自分の置き場所」に置き、パスコースに対応する練習。

Menu内容

3人でのパス回し。パスを受けたら必ず一度ボールを止め、次の人にパスをつなぐ。まずは3人が同じ方向にパスを回すことからスタート。効率良くパスを出せるようにするにはどうトラップすればいいかを考えながらトレーニングをしよう。

このトレーニングの動き方

ボールを動かすと時間がかかる

「自分の置き場所」にボールを止めずに、動かしてしまうとパスコースの変更に時間がかかったり、状況によっては、もう一度ボールを動かさないとパスができなかったりする。

NG　ボールの方を動かすと、その分時間がかかってしまう

How to use

「このトレーニングの動き方」の矢印の説明

| 人の動き | ドリブルでの動き | ボールの動き |

Chapter 2 トラップ基本編

体を「自分の置き場所」にセットしてパスコースに対応

パスを受けたら一度止め、ボールではなく体を「自分の置き場所」にセットすることで急なパスコースの変更にも対応することができる。

パスを受けて止める

パスコースに合わせ、ボールを基点に、体を「自分の置き場所」に移動

次の人へパス

STEP UP TRAINING ステップアップトレーニング

次の人が手を上げたら反対回りにパスを回す

次にパスを受ける人が手を上げていたら、パスを反対回しに切り換える。実際にパスコースの変化を加えると、体を移動して「自分の置き場所」にセットすることの効果を体感しやすい。

次の人が手を上げていたら、その人へはパスができない

反対回りに

このトレーニングのポイント
パスの角度に対応するために、ボールを止め、体を移動させて「自分の置き場所」にセットする。

Point 03
少し工夫を加えたトレーニングの紹介

ここでは、ポイント2で紹介したトレーニングの動きに少し工夫を加えたトレーニングを紹介しています。トレーニングの基本の動きがスムーズに行えるようになったら、レベルアップのために取り入れてみましょう。

Point 04
トレーニングの注意事項や意識するべきポイント

トレーニングをする上で、特に注意したい点や、技術を身につける上でのポイントなどをまとめています。思うように動けない時は、「このトレーニングのポイント」に書かれていることを意識してみてください。

風間八宏からのメッセージ

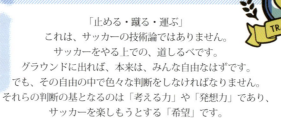

「止める・蹴る・運ぶ」
これは、サッカーの技術論ではありません。
サッカーをやる上での、道しるべです。
グラウンドに出れば、本来は、みんな自由なはずです。
でも、その自由の中で色々な判断をしなければなりません。
それらの判断の基となるのは「考える力」や「発想力」であり、
サッカーを楽しもうとする「希望」です。

「止める・蹴る・運ぶ」がどれくらい正確に行えるかによって、
発想する力も、楽しむ力も大きく変わってきます。
ボールをうまく蹴れない選手は、止めることはできないし、
運ぶ技術の力量に応じて止める技術も変化します。
「止める・蹴る・運ぶ」というのは、それほど大切で、
サッカーをする上で、絶対になくてはならないものなのです。

そして、この技術はサッカーをより高いレベルで楽しむために必要な
三つの要素につながっていきます。

三つの要素の一つ目は先述した「止める・蹴る・運ぶ」といった
「ボールをコントロールする技術」です。
二つ目は、それを自由に行うための「体をコントロールする技術」。
そしてその二つがあってこそ、自分のアイデアをつくる、
あるいは、自信を生み出す、三つ目の要素「頭をコントロールする技術」ができ上がります。

この三つの要素がそろうと、サッカーでは、プレーの可能性が広がります。
そして、自分だけでなく相手をコントロールする知恵がついてきます。

これらの技術や要素をすべて持つことが、スーパースターの条件です。
スーパースターのプレーを、子供がそのまま大人になったようだと評すことが多いですが、
それは要するに彼らが、少年時代からずっと夢を見続けて、
今もなおグラウンドで自由にプレーする権利（技術）を持っているからです。

ぜひ、サッカーを一生、楽しんで欲しい…、
そして、自分の成長を楽しんで欲しい…、
そんな姿を、日本中のグラウンドでたくさん見たい。

それが、私の願いです。

トラウムトレーニング代表　風間八宏

Chapter 1

局面をワンプレーで
変えるトラップとは何か？

はじめに知っておきたいこと

レッスン 1

Lesson 1
トラップとは何か？

[ボールを止めることの意味]

　サッカーの大切な技術の一つである「トラップ」。トラップと聞くと、ただ単純にボールを〝止める〟技術だとイメージする人が多いのではないでしょうか。

　確かに、一般的にはボールを止めることのみを指してトラップと呼ぶこともあります。しかしそれは、ボールを〝ストップ〟させているだけにすぎないのです。

　ではもし、ボールのバウンドや転がりは止めたけれども、自分の体から遠い場所にあって、自分よりも先に相手が触れるとしたらどうでしょうか？　また、すぐにシュートを打ちたいのに足を伸ばしてギリギリつま先が届くような場所にボールを止めたのでは、チャンスをいかすことはできませんよね？

　このように、ボールをただ単に〝止める〟ことだけを目的としていては、本当の意味でトラップができたとは言えないのです。大切なのは、きちんと次につながる状況を考えてボールをプレーしやすい場所に置くことです。このように次のプレーを意図したトラップで思い通りの所にボールを置くことができれば、あなたのプレーは大きく変わってきます。例えば試合中、自分の位置やフィールドの状況から、「パスが出したい」、「シュートを打ちたい」という理想のプレーを思い浮かべるでしょう。では、そこから逆算して、どこにボールを置けばいいかを考えながらトラップしてみて下さい。理想は、ずっと現実に近付くはずです。

> **トラウムトレーニングにおけるトラップの定義**
>
> 　トラウムトレーニングでは、キックやドリブルなどプレーの選択が何でもできる場所にボールを置くことを「トラップ（止める）」と定義しています。また、止めた時に何でもできるそのボールの置き場所のことを「自分の置き場所」と呼んでいます。

Chapter 1
はじめに知っておきたいこと

トラップとストップは違う！

ボールをただ止める「ストップ」と、次のプレーを意図しながら行う「トラップ」は止める意味が大きく違う。ボールをただ止める「ストップ」は、車を駐車場に「駐車」するようなイメージ。一方、パスもドリブルもシュートもできる「トラップ」は、判断次第でどこへでもハンドルを切れるように交差点で「一時停止」するイメージ。

【トラップ】 TRAP

パス、ドリブル、シュート、縦横無尽にボールを目的に応じた形で運べるように止める

交差点内で状況に応じて方向を切り替えるために一時停止をするようなイメージ。次のプレーを前提に何でもできる「自分の置き場所」に止める

【ストップ】 STOP

単純にボールをその場で受けて止める

駐車場に納めてじっと留まるようなイメージ。ただボールを受けて止めることこそが目的で次のプレーへの意図はない

レッスン 2

Lesson 2

トラップ時にボールを置く「自分の置き場所」を知る

[次のプレーにつなげるために
ボールを最適な場所に収める意識づけ]

　トラップで意識すべきことは、しっかりとボールの勢いを吸収することと、そのボールをどこに置くかということです。

　この二つのうちトラウムトレーニングが強調するのはボールをどこに置いたらいいのかを知る必要性です。ただ、これはボールを置く具体的な距離などを指導するものではありません。

　例えば、インサイドキックやインステップキックなどは、人によって体のサイズや蹴り方が違うため、ボールをどこに置いた方が蹴りやすいか、一様に限定できないのです。

　まずは自分がプレーする上で、ボールを置くのに最適な場所（自分の置き場所）を見つけることが大切です。

　ではどのようにして「自分の置き場所」を見つければよいのでしょうか。その目安の方法の一つとして「キック」があります。

　先程、キックは人によって蹴り方が異なると言いましたが、まずはその基本となるインサイド、インステップキックで、一番速いボールを蹴り出せるボールの置き場所を見つけてみましょう。

　インサイドキックでも、かかと側で蹴るとしっくりくる人もいれば、足の真ん中で蹴る方が良いと言う人もいます。一番正確で速いボールを蹴りやすい場所。それが「自分の置き場所」になります。

　この時に注意したいのが、キックの種類によってボールの置き場所を変えないということです。インステップキックでもインサイドキックでも「自分の置き場所」は常に1カ所です。

　キックによって置く場所が変わるのではなく、どんなキックにも対応できる場所を探しましょう。もっと言えば、状況が一瞬にして変化するサッカーにおいて、ドリブルにもパスにもシュートにも臨機応変に対応できる場所こそが、本当の「自分の置き場所」と言えるのです。

Chapter 1
はじめに知っておきたいこと

「自分の置き場所」の例

人それぞれ「自分の置き場所」は異なるが、得意なキックをする時にいつもボールがどこにあるのかを考えてみよう。まずは下の写真の例を見てもらい、そのボールと体の位置関係からキックやドリブルのしやすさ、動きやすさといった項目をチェックしよう。そして細かく位置を修正しながら、自分だけの「自分の置き場所」を見つけ出そう。

正面　横　上

[「自分の置き場所」を探す三つのカギ]

1 ドリブルもキックもすぐに対応できる場所
ドリブルでもキックでもどちらもすぐにプレーできる場所が理想。ドリブルはできるが、キックをするには近すぎたり、キックはできるがドリブルをするには遠すぎたりしないようにしよう。

2 一番速いボールを蹴れる場所
キックができるといっても一番良いキックができる場所でなければ意味がない。そのためには一番速いキック、強いキックが蹴れることを意識して探そう。

3 どの方向にも動ける場所
ドリブルで持ち出す時に、どんな方向にも動けることも大切だ。試合ではどの方向からプレッシャーが来るか分からない。どんな状況にも対応したドリブルができる場所に置こう。

レッスン 2

[「自分の置き場所」にボールを置くことの重要性]

　正確なトラップをするということは、ドリブルやキックというすべてのプレーのスタート地点に正確に立つということです。次のプレーをするために良いスタートができなければ、どんなプレーも良い結果に結びつきません。サッカーにおいてトラップとはそれ程重要な技術になります。

　プロの試合を見ても一流選手はトラップが非常にうまいことが分かります。

　得点シーンなどでアシストをした選手のトラップが決まった瞬間にFWの選手が裏へ走り出しているケースはよくありますが、あれはトラップが合図となっていることが多いです。トラップがうまく決まったからこそ、その走り込みに対してもパスが出せるのです。そしてミスがない前提で動き出すようになっていくため、とても速い攻撃が生まれています。トラップの成功は、味方選手へ自分が「いつでもパスを出せる状態」であるというメッセージにもなるのです。

　また、トラップが決まった選手に対しては、相手のDFは簡単に寄せることができません。それはトラップがうまくできたことで、その選手が何でもできる状態にあるからです。

　その状態の選手に対して不用意に飛び込んでドリブルでかわされる、ワンツーで簡単に裏を取られる、というのもサッカーではよくある光景です。

　つまり、正確なトラップができるということは、相手にそう簡単にはボールを奪いに来させないということです。どんなに一流の選手でも、トラップでミスをすれば、DFから猛然とプレッシャーをかけられて、ボールを奪われてしまいます。相手に良い守備をさせないという意味でも、正確なトラップが大切なのです。

　さらにトラップには「ボールを動かす」ものもあります。ただし、それは動いているボールと共に自分が移動することで「自分の置き場所」にボールがある状態を作り出しているわけです。それもまた、「自分の置き場所」にボールがあって、「どんなプレーにも対応できる」状態にあることには変わりはありません。

　例えば前を向いて走りながらパスを受ける場合、前にスペースがあるのならば、スペースにボールと自分の体を一緒に運んでいけば、よりスピーディーに攻めることができます。

　ボールを止めるにしても動かすにしても、思い通りにプレーをするためには「自分の置き場所」にボールを置くことが必要です。

Chapter 1
はじめに知っておきたいこと

「自分の置き場所」にボールを置けば…

正確に「自分の置き場所」を知り、その場所にボールを置ければ、ドリブルでもキックでも、自由にプレーができる。「パスを受けたらボールを自分の置き場所に置く」ということが徹底できれば、よりスムーズな、ミスのないプレーにつながっていく。

KICK キック
正しい場所に置ければ、インサイドキックでも、インステップキックでも、速く、正確なキックが行える

DRIBLE ドリブル
「自分の置き場所」にボールがあれば、相手がどの角度からプレッシャーをかけて来ても、もたつかずスムーズに持ち出せる

レッスン 2

[「自分の置き場所」にボールを置かずに
縦方向に大きく押し出してしまった場合…]

　ボールを「自分の置き場所」に置ければ、その場からすぐにキックができ、プレースピードも上がります。では、ボールを「自分の置き場所」に置けず、縦に押し出してしまった場合はどうなるでしょう。前にボールがある分、助走がつけられるので強いキックがしやすいですが、マイナス面があります。

　まずボールまで距離が生まれるので、蹴ろうと思ってから実際に蹴るまでに時間がかかってしまいます。

　サッカーは常に状況が変化する競技なので、パスが通るタイミングが常にあるわけではありません。パスを出したい瞬間にボールをすぐに蹴れず、プレーに時間がかかってしまうのは、それだけチャンスを失っていることになってしまいます。

　また、蹴ろうと思った時に死角からDFがボールを奪いに来た場合も、前にボールがあっては、すぐに対応できません。自分が先に追いついて触れればまだいいですが、それでも焦って行うプレーがミスになる確率は高くなります。

　そういったあらゆる状況に対応するためにも、ボールはすぐに触れる「自分の置き場所」に収めることが大切です。

Chapter 1
はじめに知っておきたいこと

［「自分の置き場所」にボールを置かずに横方向に大きく押し出してしまった場合…］

　ではボールを横方向に大きく押し出した場合はどうなるでしょうか。横にずらした分、大きく踏み込めるので、やはり強いキックを蹴るには便利でしょう。

　ただ、これも状況の変化には対応しづらくなってしまいます。どちらかのサイドにボールをずらすため、ずらした方向へのパスには対応できますが、逆サイドに蹴るのは難しくなります。

　よほど余裕のある状況なら構いませんが、どちらかにずらした持ち方をすると、押し出した側のパスコースを消された場合にボールを別の方向に持ち直すのに時間がかかってしまいます。時間がかかるということは、それだけ周りの状況も変化します。持ち直した時には、さらに別の判断を求められるかもしれません。

　また、縦に持ち出した場合と同様に、相手が寄せてきた時にすぐにプレーを変えたくても、すぐに触れる位置にボールがないので立て直しができず、ボールを奪われるリスクが高くなります。

　どちらの方向へ蹴りたい場合でも、基本は「自分の置き場所」にボールを収めながら、体を蹴りたい方向へ移動させるのが理想的です。

レッスン2

[どんなボールが来ても必ず「自分の置き場所」に収めよう]

　試合でパスを受ける時は、当然ながらグラウンダーのボールが来るとは限りません。さらにパスだけではなく、こぼれ球やクリアボールなど、イレギュラーなボールを拾う場合もあります。

　試合でどんなボールが来てもしっかりと止められ、体のどこでボールを触ってもできるだけ1タッチで「自分の置き場所」に置けるようになりましょう。

　グラウンダーのボールの場合、主にインサイド部分で止めることが多いと思いますが、横からのボールに対してはアウトサイドのタッチもよく使います。どちらを使うにしても、一度で足元にぴたりと止めて、「自分の置き場所」に収めることが理想です。

　浮き球を受ける時は、多くの選択肢があります。ボールの高さによって、体のどこで触ればいいかを素早く判断しなければいけません。

　高めのボールの場合は、胸トラップがオススメ。ボールを触る面が広く、高さの調節も利きやすいので安定してボールを受けられるのがメリットです。胸の場合、足元にすぐ落として止めるか、もしくは一度胸の上で弾ませて時間を作る止め方があります。コントロールがしやすく、プレーの幅が広がるのが特徴です。

　それよりも高いボールが来た場合は、ヘディングで柔らかくボールを落ち着かせてから止めるという選択肢もあります。

　腰くらいの高さのボールには、太ももを使いましょう。胸と同様に触る面が広く、コントロールしやすい部分です。同じ高さで体の外側のボールに対しては、アウトサイドで止めるのも良いでしょう。少しコントロールは難しいですが、体の側面で少し離れた位置に急にボールが来た時などは、とっさに反応しやすく便利な部位ではないでしょうか。

　足元の高さのボールはインステップ、またはインサイドで止めます。特にインステップは一番多く使う場所でしょう。ボールの勢いを吸収して、足元にぴたりと落とす感覚を身につければ、一度で「自分の置き場所」に置くことができるようになります。

　ここまで8種類のタッチを紹介しましたが、必ずこのどこかで触らなくてはならないわけではありません。

　これはあくまでも基本的なアイデアにすぎず、大切なのはあらゆるボールに対して、より多くの対応策、選択肢を持つことです。練習で体のいろいろな部分を使い、トラップの選択肢を増やしましょう。

Chapter 1
はじめに知っておきたいこと

グラウンダー
- インサイド
- アウトサイド

浮き球
- 太もも
- 胸
- 頭
- インサイド
- インステップ
- アウトサイド

「自分の置き場所」に常にボールを収める

レッスン2

[ボールにどうタッチするか理解しよう]

　ボールを止める、あるいはキックをする時に大事なのが、ボールの性質を理解することです。

　ボールをどのように触れば、どのように反応するかを理解していれば、トラップもキックもドリブルもより思い通りに操ることができます。

　逆にボールの性質を理解していなければ、いつまでも正しいトラップを身につけることはできないでしょう。

　まずボールを下から触るとどうなるでしょうか。下から触ると上方向へ力と回転が加わるので、ボールは上へ飛びます。キックではゴールキックやサイドチェンジなど、遠いサイドへ運ぶためにボールを浮かせたい場合にこのポイントを意識します。

　ボールを止める時に下から触ると、グラウンダーのボールは浮いてしまい、一度で「自分の置き場所」に止めるのは難しいでしょう。上からボールが落下してくる場合には、下から勢いを吸収するように引いて止めることができるので有効です。

　次にボールの真ん中を触るとどうなるでしょう。ボールに対してまっすぐ力が加わるので、キックではまっすぐにボールが飛んでいきます。

　グラウンダーのインサイドキックパスなどで多用する蹴り方ですが、インステップキックで強くて速いボールを蹴りたい時にもよく使います。

　トラップ時にも真ん中を触ると、ボールにあまり回転がかからないため足元に止めやすくなります。しっかりと勢いを吸収できれば、「自分の置き場所」にピタリと収めることができます。グラウンダーのボールを受ける時には、最も多用する触り方となるでしょう。

　次にボールを上から触ると、ボールには下向きの力と回転が加わり下方向へ飛んでいきます。キックなどでは浮き球を下にたたきつけるボレーシュートでよくやる触り方です。小さくバウンドしたボールを受け、押さえながら蹴ることもよくあるでしょう。バウンドしたボールを上から抑えて受ける時にもよく使います。

　また、足の裏で触ったり、インサイドで触ったりと触る場所によっても、止め方が変わるでしょう。

　ボールは球体でどんな角度からでも触ることができる一方で、タッチによってどう反応するかを練習の中で身につける必要があるのです。それを理解してこそ、正確なトラップやキックの判断ができるようになります。

Chapter 1
はじめに知っておきたいこと

下から触る

ボールを下から触ると、上への力と回転が加わり、バックスピンのかかった上昇する動きになる

キックした場合

真ん中を触る

正確に真ん中をキックすると蹴り出されたボールは、しばらく無回転ですべっていくような動きになる

キックした場合

上から触る

上から触ると、ボールには下への力と回転が加わり下降する動きになる。ボールを上から押さえるのには便利

キックした場合

レッスン 2

かかと寄りで触る

ボールをかかと側で触ると、足の芯でボールをとらえることになり、ボールに大きな力を伝えることができます。

インサイドキックなどで、ボールに強い力を伝えたい場合に向いている触り方です。逆にトラップなどで触ると、足首と脚の付け根の可動域をあまり生かせないので、ボールの勢いを吸収しづらく、ボールタッチが大きくなり、ミスにつながる場合があるので、トラップにはあまり向きません。

トラップ時の足の動き

つま先寄りで触る

トラップ時の足の動き

ボールをつま先側で触ると、足首と脚の付け根の可動域が広く使えるので、トラップの時にボールの勢いを吸収しやすくなります。

キックの時も可動域が広い分、角度をつけられるので細かなコース変更が可能となります。

ただ、足の芯から遠くなるため、ボールを強く蹴ることは難しくなります。近い範囲へのパスなどで有効です。

→ 赤の矢印は足首の可動域
⇒ 白の矢印は足首と脚の付け根の動きでボールの勢いを吸収できる範囲

Chapter 2

トラップ
基本編

ウォーミングアップ01

練習時間 10分　人数 2人

グリッドを使ったキャッチボール

グリッド（枠）を使って、速いパスを足元にしっかりと止める感覚を身につけよう。

Menu内容

1.5m四方のグリッドを4m間隔で二つ作り、パス交換する。ボールがグリッドから出ないように意識し、必ず一度ボールを止める。ボールを止めたら時間をかけずにすぐにパスをする。

このトレーニングの動き方

4m

グリッドの中でボールを止めるように意識する

パスを止める時にグリッドの中からボールが出ないように意識する。しっかりと足元に止められないと、すぐに次のプレーに移ることができない。すぐにパスができる距離にボールを止める感覚を身につけよう。

狭いグリッド内に正確にボールを止める練習。できれば体もグリッドから出ないようにしよう

Chapter 2 トラップ基本編

パスを受ける直前に軽くジャンプをしてボールを止める

パスを受ける直前に軽くジャンプをすることで、ボールの勢いを体全体で吸収して止めることができる。棒立ちのままでタッチすると、勢いを吸収するのが難しくなってしまう。

正面からパスが来る

直前に軽くジャンプする

体が浮いている間にタッチ

体全体でボールの勢いを柔らかく吸収

着地してボールが足元にしっかりと止まっている

すぐにパスが出せる

ウォーミングアップ 01

軸足をついたままボールを弾いてしまう

軽くジャンプをせずに軸足をついたままで止めると、勢いを吸収できず、ボールが大きく弾んでしまう。

NG 軸足の足首が地面についたままの状態でトラップしてしまう

速いボールの勢いを吸収することができず、グリットの外へ出てしまう

足首の角度が違っている

ボールにタッチする側の足首を調整して、足のタッチする面を、ボールをコントロールしたい方向に向ける。この角度が保てていないと、間違った方向にボールが流れてしまう。

NG イメージよりも足首の角度が外側に傾いた状態でボールをタッチしてしまう

ボールが体の前で止まらず横に流れてしまい、グリッドの外へ出てしまう

Chapter 2 トラップ基本編

速いボールを意識してパス

グリッド内にボールを止めようとすると、パスが弱くなりがちだ。試合のような速いパスの交換をテーマにスピードのあるボールを蹴り、足元で正確に止めることを意識して練習しよう。

お互いに速いパスを意識して出しあうことが大事

速いパスでも足元にしっかり「ピタッ」と止められるようにしよう

STEP UP TRAINING ステップアップトレーニング

慣れてきたらグリッドを小さくする

1.5m四方のグリッド内で止められるようになったら、1m四方にグリッドを小さくする。より狭い中でも正確にボールを止められるようにしよう。試合中にこの範囲でコントロールできるようになれば、次のプレーにすぐに移ることができる。

足元にピタリと止めなければ、グリッドの外に出てしまう

このトレーニングのポイント

狭いグリッドの中でも正確に止められるようにする。慣れてきたらより狭いグリッドの中で止められるようにする。

ウォーミングアップ 02

練習時間 5分　　**人数** 2人

「自分の置き場所」を知る!

ドリブルもキックもすぐに行えるボールの位置はどこか？「自分の置き場所」（14ページ）を知ることがトラップを極める初めの一歩！

Menu内容

足元にボールをキープして、壁と向かい合って立つ。指示者が、❶手をたたいたらドリブル、❷手を上げたら壁に向かってボールをキックする。指示者の合図があったらすぐに判断してプレーをする。

このトレーニングの動き方

ボールをゴロで壁に当てる

❷キック
❶ドリブル

ドリブルにもキックにも対応できる場所

指示者の合図があってからすぐにプレーするためには、ドリブルにもキックにも対応できる場所にボールを置く必要がある。自分がどちらでもすぐに対応できる「自分の置き場所」を見つけよう。

両足の間にボールを置いてしまうと、ドリブルはできてもキックには対応できなくなる

Chapter 2 トラップ基本編

「自分の置き場所」を知るために意識する三つのポイント!!

1. ドリブルもキックも対応できる場所
2. 一番速いボールを蹴れる場所
3. すぐに次のプレーに移れる場所

一番速いボールを蹴れる場所

「自分の置き場所」はただキックできればいいわけではない。一番速いボールが蹴れる場所が、自分の置き場所になる。

すぐに次のプレーに移れる最適な距離

NG 距離が遠い

すぐに次のプレーに移れる場所

どんな状況にもすぐに対応するためには、いつでも触れる場所にボールを置く必要がある。離れた位置にボールがあると、すぐにはプレーできない。

このトレーニングのポイント

すぐにドリブルもキックもプレーできて、一番速いボールが蹴れる場所を見つける。

Chapter 2
トラップ基本編

2010W杯南アフリカ大会決勝　スペインvsオランダ戦

サッカー界最強の職人
対応力を誇る
世界王者を決定づけた
鮮やかなトラップ&ボレー！

初優勝をたぐり寄せた値千金のゴール

　2010年、FIFAワールドカップ（W杯）南アフリカ大会の決勝に進出したスペインとオランダ。W杯出場常連国ながら、どちらが勝っても初優勝という一戦は、スコアレスのまま延長戦までもつれ込む激戦となった。

　華麗な攻撃的サッカーで襲いかかるスペインに対し、オランダは堅い守備でカウンターを狙い続けた。そして延長戦後半116分、イニエスタがついに均衡を打ち破り、スペインに初優勝をもたらした。

トッププレーヤーの「神」トラップを厳選！
トラップセレクション No.2　　37ページでプレー解説

Trap Selection No.2

ロナウジーニョ①
（ブラジル）

**スタンフォードブリッジ
沈黙のサンバステップ**

　2004-05シーズンのUEFAチャンピオンズリーグ（欧州CL）準決勝、チェルシー対バルセロナ。第1戦を2-1で制したバルセロナが、敵地スタンフォードブリッジに乗り込んだ第2戦。

　3点を先取される厳しい展開で、ロナウジーニョは2得点を決める。中でも2点目は、欧州CL史上屈指の名勝負と語り継がれるこの試合の名シーンとして、人々の記憶に刻まれるゴールとなった。

トラウムトレーニングのプレー解説!

トッププレーヤーの「神」トラップを厳選!
トラップセレクション No.1

イニエスタ

**2010W杯南アフリカ大会決勝
スペイン vs オランダ戦**

オフサイドラインをトラップで超えるイニエスタの職人芸

　W杯南アフリカ大会の決勝戦の延長後半でイニエスタが見せたのは、次のプレーをイメージした場所に正確にボールを運んでプレースピードを上げる、まさに職人芸と呼べるトラップでした。

　トラップ後のボールは少し浮いてしまっていますが、次のプレーのイメージがあるので体をボールと一緒に運べていて、シュートは綺麗にミートできています。

　もう一つ注目したいのが、このトラップの前に目の前のDFが体勢を崩し、起きあがり際に一瞬ポジションを変えている点です。ラインを上げてイニエスタをオフサイドにかけようとしたのでしょう。

　それを見たイニエスタは、トラップをやや前方に流して、DFと入れ替わるように抜け出しています。この判断によって、「勝負あり!」だったと思います。

　DFは完全に置き去りにされ、シュートブロックの対応も間に合いません。恐らく映像を見る限り、イニエスタがその場にトラップしてシュート体勢に入っていたら、DFはギリギリ間に合っていたでしょう。

　鮮やかなトラップからのボレーですが、判断を一つ誤っていたらゴールはなかったかもしれません。超一流が成せる紙一重のプレーだったのではないでしょうか。

　W杯決勝の延長後半という疲労度の高い状況でも、相手を冷静に見て判断できるのはさすがです。

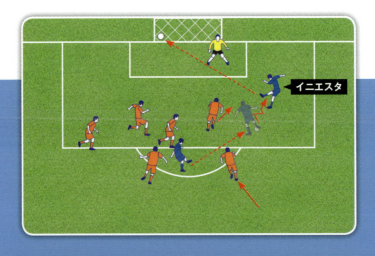

Chapter 2
トラップ基本編

トッププレーヤーの「神」トラップを厳選!
トラップセレクション No.2
ロナウジーニョ①

2004-05欧州CL準決勝 バルセロナ vs チェルシー戦

DFが動けなくなるロナウジーニョの完璧なトラップ

ロナウジーニョがバルセロナ時代に欧州CLのチェルシー戦で魅せたゴールです。

一見すると、普通に足元にトラップしてトゥーキックで放ったシュートに見えるかもしれません。でも、トラップからシュートまでをよく見ると彼の凄みが詰まったゴールだったことが分かります。

このプレーはスローインからの流れで、チェルシーDFのジョン・テリーがヘディングでクリアします。そのこぼれ球をイニエスタが拾い、ペナルティーエリア手前にいるロナウジーニョにパスをしました。

そのパスを受けたロナウジーニョは、ゴールを向いてピタリと「自分の置き場所」にボールを収め、まるでサンバを踊るようにその場で腰を振ると、正面で対応したリカルド・カルバーリョは、飛び込めずに構えてしまいます。相手が固まった瞬間を見逃さずにロナウジーニョはあっさりとトゥーキックでゴールを決めてしまいました。

映像を見ると「なぜDFは飛び込まないのか」と思う人もいると思いますが、多彩な技術を持つロナウジーニョにトラップ一発で何でもできる状態にされてしまい、飛び込むことができなかったのです。

前を向いて「自分の置き場所」に正確にボールを収めることが、DFにとってどれだけ嫌なプレーなのかが分かる、お手本のようなトラップですね。

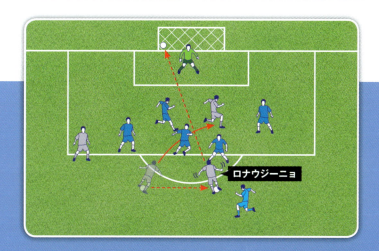

基本トレーニング01　練習時間 10分　人数 2人

キャッチボール

「自分の置き場所」を確認しながら正確にパス交換をしよう。

Menu内容

グリッドなしでのパス交換。必ず一度「自分の置き場所」にボールを止め、トラップ後はすぐにパスを出すこと。

このトレーニングの動き方

5m

1タッチでボールを「自分の置き場所」に置けるように意識する

グリッドがないと、タッチが強くなってしまいがち。1タッチで「自分の置き場所」にボールを置くことを心掛ければ、グリッドがなくてもボールが大きくそれるようなことはない。

1タッチが無理ならできるだけ早く「自分の置き場所」に置くように意識

Chapter 2
トラップ基本編

軽くジャンプして、「自分の置き場所」に止める

ウォーミングアップ01（26ページ）〜02（30ページ）でやったことを意識する。トラップする直前に軽くジャンプをして、勢いを吸収しながら「自分の置き場所」にボールを止める。

トラップ直前に軽くジャンプ

ボールの勢いを吸収しながらタッチ

「自分の置き場所」に止める

トラップしやすいパスを意識する

パス交換ではキック時の意識も大事なこと。ボールの中心をインサイドキックで蹴り出せば、ボールはまっすぐに進み、トラップしやすいパスになる。

ボールの中心をキックして、強くて速いパスを送ろう

このトレーニングのポイント
グリッドがなくても、1タッチですぐにプレーできる「自分の置き場所」に止めることを意識する。

基本トレーニング02　練習時間 5分　人数 2人

逆足を意識した
キャッチボール

パスが利き足とは逆側に来ても、ボールを「自分の置き場所」に素早く置けるようにしよう！

Menu内容

5m間隔でパス交換をする。パスの出し手は、受け手の利き足とは逆側の足へパス。受け手は回り込んで利き足でトラップ、または一度逆足でボールを止めながら回り込み、「自分の置き場所」にボールを置いてからパス。

このトレーニングの動き方

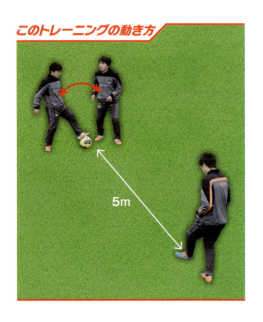

 注意 利き足でも、逆足でも自分が何でもできる「自分の置き場所」は一つ。逆足で「自分の置き場所」に一度でボールを置くことも可能ではあるが、パススピードが上がれば難しいだろう。まずは利き足と逆足は使い分けて練習しよう。

体を移動させて利き足側でトラップ

逆足にパスが来たら、軽くジャンプをして利き足側に回り込んで「自分の置き場所」に止める。逆足でボールを止めてから、体やボールを動かすよりも、事前に回り込めれば一番早く、正確にプレーできる。

トラップする前に利き足で止められるように軽くジャンプしながら回り込む

Chapter 2
トラップ基本編

逆足で止めてから体を「自分の置き場所」に合わせて移動する

トラップ前に回り込むのが間に合わなければ、一度逆足で止めてから回り込み、ボールを基点に「自分の置き場所」に体をセットするイメージ。

逆足で一度止めてから、素早く体を移動して「自分の置き場所」にセットする

ボールを動かすと次のプレーが遅くなる

逆足でボールを動かして「自分の置き場所」に置こうとすると、再度ボールに触って止めなければいけなくなり、時間がかかってしまう。

ボールを動かして触ると、結果的に体を動かすよりも時間がかかってしまう

このトレーニングのポイント

逆足に来たパスはボールを持ち替えるのではなく、体を移動させて「自分の置き場所」にセットする。

基本トレーニング03 〈練習時間〉10分 〈人数〉2～3人

ポイントをずらす キャッチボール

相手にトラップ際を狙われている場合、瞬時にボールを止めるポイントを変える練習。

Menu内容

5m間隔でパスの出し手と受け手に分かれてパス交換。出し手がパスを出し、受け手は通常ボールにタッチする自然なポイントから一歩前、あるいは一歩後ろでボールを止める。その後、ボールを基点に「自分の置き場所」に体をセットしてパスを返す。DF役を1人つけて行うと、より実践的な動きを身につけられる。

このトレーニングの動き方

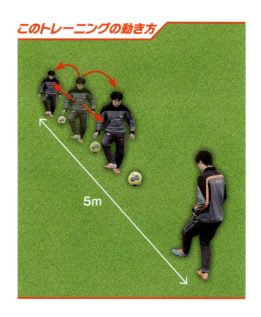

相手にトラップを狙われたら、ポイントを変える

試合ではトラップ際を相手が狙っていることがある。そんな場合には、瞬時にボールを止めるポイントをずらす判断が必要。ポイントをずらして止めたら、できるだけ早く体を動かして「自分の置き場所」に戻すことが必要。

試合ではトラップ際を相手に狙われて、ボールを奪われることがよくある

Chapter 2
トラップ基本編

普通にトラップすると、相手と近すぎる場合

ボールを止めた状態

トラップはドリブルもキックもすぐにできる「自分の置き場所」にボールを止めるのが基本型。しかし、相手との距離が近い場合はボールを止めるポイントを狙われてボールを奪われやすい。周りの状況を見て、相手の狙いを察したら、瞬時にボールを止めるポイントを体一つ分ずらそう。

この距離では近すぎて、相手にボールを触られてしまう

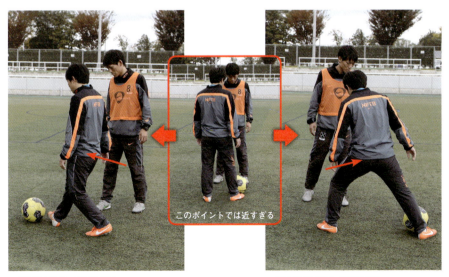

このポイントでは近すぎる

一歩前で止めて、距離を作る　　　　　一歩後ろで止めて、距離を作る

基本トレーニング 03

止めるポイントを前にずらしてから「自分の置き場所」に収める

1. パスを待っている状態（マーカーが基本となるポイントを示している）
2. ボールが近付いたら前に出る体勢を作る
3. ポイントから一歩前の位置でボールを止める

止めるポイントを後ろにずらしてから「自分の置き場所」に収める

1. やや後ろに重心をかけてポイントでパスを待つ
2. 足を後ろに引いて、一歩後ろでボールを止める
3. ボールを止めた足を地面につけて安定させる

Point　ボールを止めてから、体をセットする

ポイントを前にずらす場合も、後ろにずらす場合も、まずはボールを止め、止めたボールを基点にして「自分の置き場所」に体をセットする。体全体を先に移動させてから足元に止める方法との違いを感じよう。

Chapter 2
トラップ基本編

ポイントを前にずらして止めてから、ボールを基点に「自分の置き場所」に体を移動する練習。相手が自分よりも先にボールを触りそうな場合などに、ポイントを前にずらすと効果的だ。

ボールを止めたポイントに体を移動させる

「自分の置き場所」にしっかりと収めてから…

パスを返す

ポイントを後ろにずらして止めてから、ボールを基点に「自分の置き場所」に体を移動する練習。相手が遅れ気味にトラップ際へ突っ込んで来る時に、ポイントを後ろにずらすとかわせる。

後ろの足を軸にして体全体を引き寄せる

しっかりと「自分の置き場所」に収めて…

パスを返す

このトレーニングのポイント
トラップ際が狙われている場合、ボールを止めるポイントを前後にずらそう。

基本トレーニング 04

練習時間 **10分** 人数 **3人**

角度をつけた
キャッチボール

パスの角度が変わる時、体を移動させてボールを「自分の置き場所」に置き、パスコースに対応する練習。

Menu内容

3人でのパス回し。パスを受けたら必ず一度ボールを止め、次の人にパスをつなぐ。まずは3人が同じ方向にパスを回すことからスタート。効率良くパスを出せるようにするにはどうトラップすればいいかを考えながらトレーニングをしよう。

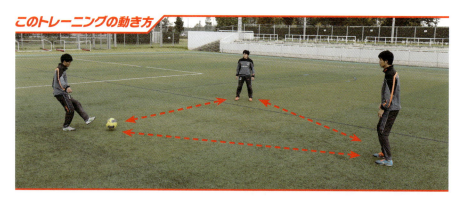

このトレーニングの動き方

ボールを動かすと時間がかかる

「自分の置き場所」にボールを止めずに、動かしてしまうとパスコースの変更に時間がかかったり、状況によっては、もう一度ボールを動かさないとパスができなかったりする。

ボールの方を動かすと、その分時間がかかってしまう

Chapter 2 トラップ基本編

体を「自分の置き場所」にセットしてパスコースに対応

パスを受けたら一度止め、ボールではなく体を「自分の置き場所」にセットすることで急なパスコースの変更にも対応することができる。

パスを受けて止める

パスコースに合わせ、ボールを基点に、体を「自分の置き場所」に移動

次の人へパス

STEP UP TRAINING ステップアップトレーニング

次の人が手を上げたら反対回りにパスを回す

次にパスを受ける人が手を上げていたら、パスを反対回しに切り変える。実際にパスコースの変化を加えると、体を移動して「自分の置き場所」にセットすることの効果を体感しやすい。

次の人が手を上げていたら、その人へはパスができない

反対回りに

このトレーニングのポイント

パスの角度に対応するために、ボールを止め、体を移動させて「自分の置き場所」にセットする。

基本トレーニング05　練習時間 10分　人数 1人

壁当て①
(ボールタッチをイメージする)

パスはいつもグラウンダーのボールが来るわけではない。どんなボールでも正確に止めて、次のプレーにつなげられるように練習しよう。

Menu内容

壁に向かって立ったら、浮き球のボールを蹴る。壁に当たって跳ね返って来るボールの動きを見て、ボールに触れる位置を素早く判断して、ボールを止める。きちんと「自分の置き場所」に置けたら、同じように壁に向かって浮き球のボールを蹴る。

このトレーニングの動き方

ボールの軌道から素早くイメージを描く

浮き球やイレギュラーなバウンドをしたボールの軌道に合わせて移動してトラップする。ボールの質によって体各部でのタッチが必要だが、どこでボールを止めるにしても「自分の置き場所」に素早く置くことを心掛けよう。どこで、どう触るか瞬間的な判断がカギ。

ボールが落下してくるポイントに体を移動する

Chapter 2
トラップ基本編

浮き球への対応力を高めるために
体各部のボールタッチを磨こう

浮き球を止める時は手以外であれば体のどの部分を使ってもいい。どんなボールに対しても対応できるように、体のいろいろな部分を使ってボールを止める感覚をつかもう。

インサイド

インサイドでは当てる面も広く、角度も保ちやすい

足先

足先でボールの勢いを吸収してピタリと止める

アウトサイド

当てる面は狭いが体の脇や後方など多様性のある部位

太もも

柔らかく広い面でボールの勢いを吸収しやすい部位

胸

高いボールは胸を使ってコントロール

ヘディング

ヘディングは弾かずにクッションとして使えるようにする

このトレーニングのポイント

浮き球の落下地点を予測しながら、体のいろんな部分を使って対応できるようになろう。

Chapter 2
トラップ基本編

Trap Selection No.3
ラウル
（スペイン）

Raúl González Blanco

快進撃の幕開けとなるスペインの至宝の先制点

　2002年のW杯日韓大会グループリーグ第1戦。韓国の光州ワールドカップ競技場で行われたスペイン対スロベニア。

　スペインはラウル、バレロン、ディエゴ・トリスタン、ルイス・エンリケとスター選手をそろえ、爆発的な攻撃力でグループリーグを全勝で突破。その快進撃の口火を切ったのが、スロベニア戦で前半44分に決めたこのラウルのスーパーゴールだった。

Chapter 2
トラップ基本編

2010-11ブンデスリーガ　ドルトムントvsヴォルフスブルグ戦

一発でDFの背後を取りシュート体勢に持ち込んだエレガントなトラップ

欧州挑戦の船出となるブンデスリーガ初得点

　2010-11シーズン、香川真司はJリーグのセレッソ大阪からブンデスリーガのボルシア・ドルトムントに移籍した。
　欧州CLのプレーオフ第1戦で2得点と、早々に活躍した香川は、リーグ第3節のヴォルフスブルグ戦で公式戦6試合連続の先発出場を果たす。後半67分、グロスクロイツのアシストで公式戦3点目を決め、ブンデスリーガでの初得点を記録した。

トラウムトレーニングのプレー解説!

トッププレーヤーの「神」トラップを厳選!
トラップセレクション No.3
ラウル

2002W杯日韓大会グループリーグ スペイン vs スロベニア戦

瞬時にトラップの位置をずらす判断と技術

　W杯日韓大会のスロベニア戦でラウルが見せたボール一個分ずらすトラップです。

　スペインのルイス・エンリケが中盤でボールを拾ってドリブルでペナルティーエリアまで侵入し、DFにクリアされます。

　そのクリアボールがラウルの前に転がるのを見て、近くにいたスロベニアのDFが急いでシュートブロックをするために、左横からスライディングします。

　その瞬間にラウルはこぼれ球のトラップを、体半分程位置をずらして行ったのです。それによりDFのスライディングを事も無げにいなし、一瞬の隙を突いて左足のトゥーキックでシュートを打ちます。

　このトラップで注目すべきは、ボールタッチの位置を瞬時に変えたことです。

　こぼれ球が来た瞬間、ラウルはそのままシュートを打つか、あるいはその場でトラップしてシュートを打つことを考えたと思います。でも次の瞬間には、DFが止めに来ているのが見えたので、その場でボールを触るモーションをしつつ、触らずにタイミングを遅らせています。

　DFはシュートを打たせまいと必死に飛び込みスライディングした後では、もうどうすることもできなかったでしょう。

　トラップはやや大きくなっていますが、すぐに体を「自分の置き場所」にセットできているのは、瞬時に頭の中でプレーイメージも補正できている証拠です。

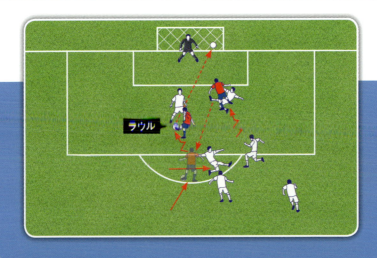

Chapter 2
トラップ基本編

トッププレーヤーの「神」トラップを厳選!
トラップセレクション No.4

香川真司

**2010-11ブンデスリーガ
ドルトムント vs ヴォルフスブルグ戦**

DFの背後を鋭く突き、ボールと共に移動するさり気ない技術

　2010-11シーズンに香川選手がヴォルフスブルグ戦で決めたゴールですね。

　このゴールのポイントは二つあります。一つはゴール方向を向いて走りながら、後ろからのパスを一発のトラップで、シュートが打てる「自分の置き場所」に置けていることです。

　後ろからのパスを走りながら前にトラップするのは非常に難しい技術です。しかも、ゴールの四隅のどこへでもシュートが打てる位置に止めています。

　どこへでも打てるというのは、GKからしたら非常に嫌なシチュエーションです。冷静にコースへ流すだけでシュートが決まる確率が高い、とても理想的なプレーです。

　もう一つは手前のDFと入れ替わり、届かない位置にボールを置いていることです。

　香川選手にパスが出る直前に、手前のDFは一瞬ポジションを上げています。それを見た香川選手は、トラップでそのDFの背中側へ入れ替わるようにボールを置きました。

　DFは前に重心をかけているので、背中側にボールを持ち出せた時点で勝負は着いたようなものですね。DFはもう追いつけないので、香川選手は冷静に左サイドネットにシュートを突き刺すだけ。非常に分かりやすいトラップだと思います。

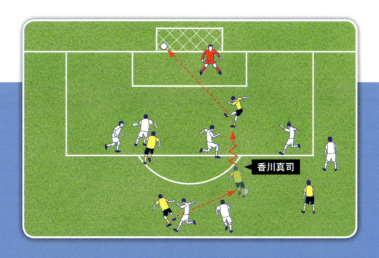

基本トレーニング 06　　練習時間 10分　人数 2人

壁当て②
(パスの角度を変える)

壁から跳ね返ったボールを正確に止め、体を移動させて「自分の置き場所」に収めながら次のプレーにつながる体勢を作ろう。

Menu内容

壁に向かって立ち、浮き球を蹴る。この動きに対し、指示者はプレーする人がボールを受ける直前に「右」「左」と指示を出す。プレーする側は、跳ね返ったボールをバウンドに合わせて止め「自分の置き場所」に収める。「自分の置き場所」に収める時は指示があった方向へパスが出せるように体の向きを変えながらセットする。

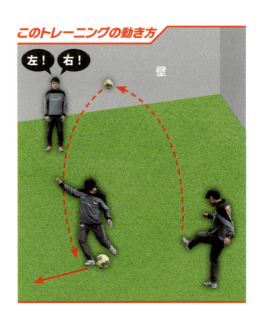

このトレーニングの動き方

ボールを止めてターンしパスの角度を変える

パスコースの指示に対応しようとして、ボールをしっかりと「自分の置き場所」に収めず、体だけ先に指示された方向へ向けてしまうのはNG。ボールが「自分の置き場所」に収まっていなければ、次のプレーのミスにつながってしまう。慌ててプレーせずに、まずはしっかりと止め、ボールを基点に体を素早く移動できるように練習しよう。

正確に「自分の置き場所」にボールが収まるように体を運ぶ

Chapter 2
トラップ基本編

止めるポイントを素早く見つける

跳ね返ってきたボールのバウンドを読み、止める位置を素早く判断してポジショニングする。事前の準備が早くできれば、指示の声に合わせてターンする動作に余裕が生まれる。

右へ角度を変える

素早く判断すれば指示に対応したボールタッチができる

ボールを「自分の置き場所」にしっかりと収める

壁とは別の方向にパスするモーションを行う

左へ角度を変える

バウンドする位置に入ってボールを止める

指示に合うようにターンし、「自分の置き場所」に収める

体がセットできたらパスのモーションを行う

このトレーニングのポイント
一度ボールを止めてから、指示方向に体を向け、「自分の置き場所」に収める。

基本トレーニング07　練習時間 5分　人数 2人

動きながらパスを受ける①
（正面からのボールに向かいながら…）

動きながら、足元に向かってくるパスを、「自分の置き場所」に収め、キープする練習。

Menu内容

2人組で5m程離れて向き合い、ボールの受け手が動き出したら、もう1人がその足元に向けてパスを出す。受け手は前に動きながら、向かってきたボールをトラップ。体が動いていても「自分の置き場所」にボールを置いた状態にできたら、その形のまま、パスを返す。

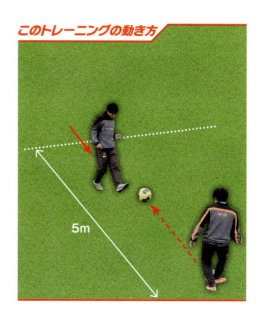

このトレーニングの動き方

5m

動きながら「自分の置き場所」でキープ

試合中などは動きながらパスを受け、そのまま次のプレーへとつなげる場面が多い。動きながらでも「自分の置き場所」にボールを収める練習をすることで、そのような場面でミスのないプレーができるようになろう。体を止めることなく、「自分の置き場所」にボールをキープしたまま移動する感覚を身につけよう。

動きながらボールを受け、「自分の置き場所」をキープしたまま移動できるようになろう

Chapter 2 トラップ基本編

スピードに乗ってもボールは「自分の置き場所」に!!

動きながらボールを受けるため、トラップの際に走ってきた勢いをボールにそのまま伝えてしまうと、足元にキープすることは難しい。スピードに乗りながらも繊細なタッチを意識しよう。

スピードに乗ったままボールに向かっていく

スピードを落とさず、柔らかくコントロール

「自分の置き場所」にボールをキープしたまま前へドリブル

前進する勢いとタッチの強弱のバランスが大切

トラップ時にタッチの強さが適切でないと、体とボールが一緒に前に進まない。ボールだけ先にいったり、置き去りになるなど「自分の置き場所」からボールが離れないように注意しよう。

スピードに乗ってボールにタッチ

体だけ前にいく意識が強く、タッチが弱いとボールが置き去りに

立ち止まって持ち直すことで時間やチャンスを失ってしまう

このトレーニングのポイント
スピードを保ったまま、タッチの勢いを工夫し、「自分の置き場所」にボールを収めた状態で移動しよう。

基本トレーニング08

練習時間 5分　　人数 2人

動きながらパスを受ける②
（正面からのボールをターンしながら…）

動きながら、足元に向かってくるパスを「自分の置き場所」に収めながら反転し、振り向く動きの練習。

Menu内容

2人1組で向かい合って立つ。受け手はパスをもらいに出し手の方向へ動き出す。受け手が動き出したら、出し手は受け手の足元へグラウンダーのパスを出す。受け手は転がってきたボールを止めながら「自分の置き場所」に収めるように体を反転。向きを変えたら自分が来た方向に向かってドリブルして、最初の位置まで戻る。

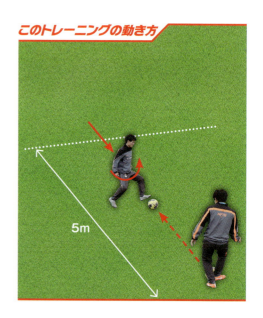

このトレーニングの動き方

「自分の置き場所」に置きながらターン

ターンする時もボールを「自分の置き場所」に収める基本は変わらない。ターン時はボールを動かすのではなく、基本トレーニング04（46ページ）でやったように体を移動して「自分の置き場所」にセットする。ボールを基点に反転するイメージで動いてみよう。

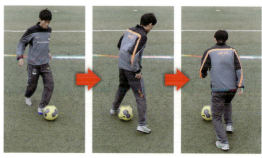

足元に正確に止めてから、ボールを基点にしてターン。ターンはボールを「自分の置き場所」に置くように体を移動させる

Chapter 2
トラップ基本編

半身でボールを受けてターン

パスをもらいにいく際は出し手に正対したままの体勢ではなく、ターンする方向に対して半身の状態で受けるとスムーズにトラップできる。

出し手に対して正面を向いてパスを受けにいく

ターンする方向へ半身になってボールを止める

反転しながら「自分の置き場所」にボールを収める

状態を保ったまま向きを変えてドリブル

体を反転すること(体の動作)に意識が向きすぎるとミスになる

ターンすることばかりに意識が向くと、トラップするポイントがずれることがある。無理にターンしようとせずにまずは正確に「自分の置き場所」に収めることを意識しよう。

NG
正面を向いてパスを受けにいく

ターンを急ぎすぎてボールとの適切な距離を保てていない

タッチが強くなりボールを「自分の置き場所」に収められない

このトレーニングのポイント
ターンにばかり意識を向けるのではなく、まずはしっかりとトラップすることを優先しよう。

基本トレーニング09　練習時間 5分　人数 2人

動きながらパスを受ける③
（正面からのボールを背走しながら…）

後ろ向きでパスを受ける際に背後にいる相手選手との距離を作るように方向転換する練習。

Menu内容

2人が向き合って立つ。受け手は軽くバックステップを踏みながらボールを呼び込む。出し手は足元にパスを出す。受け手は背後に想定した相手と距離を取るように、ボールを出し手側に戻しながら、トラップする。ポイントは半身の体勢でボールを呼び込み「自分の置き場所」にボールが収まるように体を移動させて前を向くこと。

このトレーニングの動き方

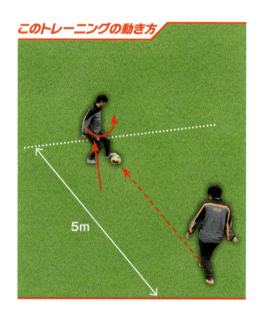

5m

トラップする先に相手選手がいるイメージ

試合で周囲に相手選手がいる場面をイメージした練習。ボールを少し戻した位置に止めることでトラップ際を狙っている相手との間に人ひとりが生まれ、前を向ける。

相手が背後にいることをイメージして手前に止める

Chapter 2
トラップ基本編

切り返したボールを「自分の置き場所」にしっかりと収める

出し手側に切り返したボールは、しっかりと「自分の置き場所」に収めること。適度な強さでボールにタッチして、体をバランスよく移動させて前を向こう。

バックステップでボールを呼び込む

半身で切り返すようにタッチ

ボールを基点に反転

ボールがしっかりと「自分の置き場所」に収まり前を向ける

タッチが強く切り返したボールに体がついていけない

バックステップを踏みながら、急激な方向転換を行うため、タッチの強弱がカギとなる。切り返したボールに自分の体がついていけず、コントロールが大きくなると前を向けず、相手に取られる危険性も高くなる。

NG トラップしたい先に敵がいる

手前にトラップする

トラップが大きすぎて体がついていけない

このトレーニングのポイント

タッチが強くなりすぎないように注意し、切り返したボールを基点に素早く反転して前を向こう。

基本トレーニング 10　練習時間 5分　人数 2人

動きながらパスを受ける④
（背後からのボールを逃げながら…）

背後から送られたパスの勢いを止めずに、「自分の置き場所」に収める練習。

Menu内容

受け手と出し手が同じ方向を向いて立つ。受け手は前方に動き出し、出し手は受け手の動きに合わせてグランダーのパスを出す。受け手は自分の体の勢いを止めずに「自分の置き場所」にボールを収めるようにする。

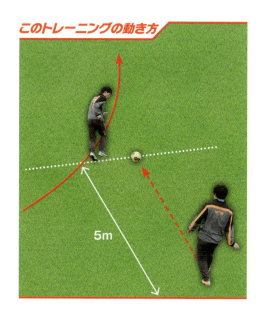

このトレーニングの動き方

5m

後ろからのボールも収める場所は同じ

後ろからのパスを走りながら「自分の置き場所」に収める練習。自分の走りやボールのスピードを考えて1タッチで正確に収められるようにしよう。

走りながらボールを受けやすい体の角度をつかもう

Chapter 2
トラップ基本編

スピードを変えずにボールを収める

走りながら後ろからのパスを受ける際は、自分とボールのスピードをできるだけ変えず、スムーズに「自分の置き場所」に収まるタッチを心掛ける。

走り込みながらボールを呼び込む

触った瞬間に「自分の置き場所」に収める

そのままのスピードで運ぶ

出し手のパスの精度も大事

出し手は受け手の動きに合わせてスペースではなく、足元へ速いボールを送るイメージでパスする。受け手がトラップしやすいように、足元にピタリと合わせよう。

受け手の動きを見てパスコースをイメージ

スピードに合わせてパス

足元にピタリと合わせる

このトレーニングのポイント
前方に転がるボールの勢いを考え、「自分の置き場所」に収めるタッチをコントロールしよう。

トッププレーヤーの「神」トラップを厳選！
トラップセレクション No.5　　70ページでプレー解説

Trap Selection No.5
ゲッツェ
（ドイツ）

Mario Götze

24年ぶりの優勝に導いた劇的な決勝ゴール

2014年、W杯ブラジル大会決勝のドイツ対アルゼンチン。準決勝で開催国ブラジルに7-1という記録的スコアで勝ったドイツに対して、アルゼンチンはオランダに0-0のPK戦を制して決勝進出。試合は攻めるドイツ、耐え凌ぐアルゼンチンという様相となった。
　スコアレスで延長に突入し、延長後半113分、途中出場のゲッツェが鮮やかなゴールを決め、ドイツを4度目のW杯優勝に導いた。

Chapter 2
トラップ基本編

2014W杯ブラジル大会決勝　ドイツ vs アルゼンチン戦

準決勝でブラジルを崩壊させた快進撃ドイツのW杯フィナーレを飾る延長弾ピンポイント胸トラップ

トッププレーヤーの「神」トラップを厳選!
トラップセレクション No.6 　　71ページでプレー解説

Trap Selection No.6
スアレス
（ウルグアイ）

頂上決戦を制した鮮烈な
トラップからの決勝ゴール

　2014-15シーズン、リーガエスパニョーラ第28節。勝ち点1差の頂上決戦となったバルセロナ対レアル・マドリードの「エル・クラシコ」は、1-1で前半を折り返した。

　後半56分、ダニエウ・アウベスのロングボールに反応したスアレスが、決勝ゴールとなる鮮やかなシュートを決めた。レアルとの勝ち点差は4に広がり、バルセロナを優勝へ大きく前進させた。

Chapter 2
トラップ基本編

2014-15スペインリーグ バルセロナ vs R・マドリード戦

トラウムトレーニングのプレー解説!

トッププレーヤーの「神」トラップを厳選!
トラップセレクション No.5
ゲッツェ

2014W杯ブラジル大会決勝　ドイツ vs アルゼンチン戦

すべてが完璧に計算された胸トラップ

　W杯ブラジル大会でドイツ代表が優勝を決めたゲッツェの延長戦でのゴールです。

　左サイドでシュールレがドリブルで持ち込んでクロスを入れ、ペナルティーエリアに走り込んだゲッツェが胸トラップから、バウンドをさせずにそのままシュートを打ったシーンです。

　これはこの位置にコントロールできていなければ、絶対にシュートは打てていなかった、という完璧な胸トラップだったと思います。

　まずポイントはトラップの高さです。これ以上浮かしすぎるとGKが詰めてくる時間ができてしまい、逆にそのまま足元に落としてしまうと体がついていくことはできなかったと思います。まさにここしかな

いという高さに完璧にコントロールし、シュートまで持っていきました。

　もう一つのポイントは、クロスボールに対しての入り方です。

　シュールレのクロスに対して、直角に侵入するのではなく、体で面を作るようにしながらやや斜めに入っています。

　これがもう少しボールを迎えにいくような角度で体に当たっていたら、シュートを打てる位置にトラップできなかったと思います。

　また、体をゴールに平行にしてしまっていても、ボールが流れてシュートを打てる位置にトラップできなかったと思います。すべてが無駄なく、事前に計算されたかのようでしたね。

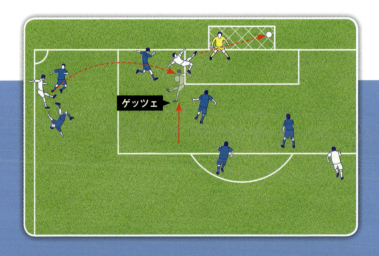

Chapter 2 トラップ基本編

トッププレーヤーの「神」トラップを厳選!
トラップセレクション No.6

スアレス

2014-15スペインリーグ バルセロナ vs R・マドリード戦

一切の無駄がない足先でのパーフェクトトラップ

　スアレスがレアル・マドリードとの伝統の一戦「エル・クラシコ」で決めたスーパーゴールです。

　体のスピードとボールのスピードが完全に一致して、完璧にボールをキャッチできた状態でシュートまで持っていったシーンですね。

　ハーフウェーライン付近からDFのダニエウ・アウベスが送ったロングボールに対して、スアレスはトップスピードのまま落下地点に寸分の狂いもなく走り込みます。

　ボールがバウンドした上がり際を上から押さえるようにトラップしていますが、バウンドしているのがほぼわからない程ピタリと止めてしまいました。

　一体、何が起きたのか? スアレスがどう止めたのか? 観戦していても目を疑う、不自然な程のボールの収まり方だったのです。

　全力疾走する体とボールとがまさに一体となり、すぐに次のプレーを選べる状態でトラップできています。次の瞬間にはボールがGKのカシージャスの右横を転がり、そのままゴールへ吸い込まれていました。カシージャスもすぐ側まで詰めていたDFのペペも何もできず、ただ見送るしかできません。

　このトラップがもう少しでも体から離れていたらカシージャスが飛び出す時間はあっただろうし、ペペも間に合っていたと思います。正確無比なプレーが何よりも速さにつながることを如実に表しているプレーだと思います。

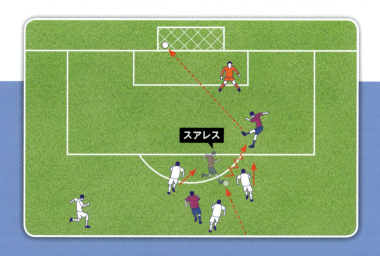

基本トレーニング 11　練習時間 10分　人数 2人

浮き球を受ける①
(狭いスペースで正確なタッチを身につける)

浮き球を足先のクッションを使って、足元に押さえグラウンダーのボールと同じように「自分の置き場所」に収める練習。

Menu内容

2人組でやる練習メニュー。1.5m四方のグリッドを作り、受け手がその中に入る。出し手はボールを持って向かい側に立ち、グリッドの中の受け手に向かって浮き球を投げる。グリッドの中から出ないようにしながら受け手はボールを足元に押さえ「自分の置き場所」に収める。ボールを出し手にパスで返し繰り返す。

このトレーニングの動き方

3m

グリッド内で正確にボールを足元に収める

グリッドを意識して、狭い範囲でのトラップを身につける。止まった状態で行うこのメニューで、足元にピタリとボールを収められなければ、動きながらのトラップは正確に行えない。試合でも浮き球のトラップを安定してできるレベルを目差そう。

浮き玉でも地面に押さえたボールは「自分の置き場所」にしっかりと収める

Chapter 2
トラップ基本編

浮き球の落下に合わせて少しだけ迎えにいく

浮き球を受ける時は、ボールの落下に合わせて足の甲で柔らかくタッチして勢いを吸収。ボールを迎えにいくように足の甲を上げ、その上にボールを乗せて下ろすイメージで行う。

ボールの軌道をよく見る / 落下に合わせて足の甲で迎えにいく / 勢いを吸収するように柔らかいタッチでボールを足の甲に乗せる / 足を引いて下ろす。地面についたボールが「自分の置き場所」に収まるように

足を上げすぎると難しくなる

落下に合わせて迎えにいく足を付け根から動かそうとするとボールの勢いを吸収するのが難しくなる。脚部全体の大きな動きだけでなく、足関節の可動域を効果的に使う感覚を身につけよう。

付け根から脚を大きく動かして迎えにいく / ボールに脚部全体を同調するのは難しい / 高い位置でボールにタッチするため反動も大きくなる / ボールが弾んで足元に一度では止められない

このトレーニングのポイント
足をあまり高く上げずに、足関節の可動域を使った柔らかいタッチを身につける。

基本トレーニング12 練習時間 5分 人数 2人

浮き球を受ける②
(正面からのボールを受けて方向転換)

浮き球を足元に止められるようになったら、ターンして次のプレーにつなげる練習をしよう。

Menu内容

2人組でする練習メニュー。1.5m四方のグリッドを作り、受け手がその中に入る。出し手は3m程離れた位置で向かい合って立ち、浮き球を投げる。受け手は、ボールを足元に収め、次のプレーの方向へ体をターンさせながら「自分の置き場所」にセットする。この一連の動作をグリッドの中から出ないように行う。

このトレーニングの動き方

次のプレーを急ぎすぎない

次のプレーを意識しすぎてターンを急ぐと、タッチが雑になり、ボールが「自分の置き場所」に収まらない場合がある。それでは狭いスペースでのコントロールは難しく、トラップとはいえない。まずは浮き球を正確に止めることに集中しよう。

ターンすることに意識が先にいってしまうとボールタッチが雑になり、グリッドの外に出てしまう

Chapter 2
トラップ基本編

浮き球を足元に収めて「自分の置き場所」に体をセット

狭いスペースでターンしながら、浮き球を止めて「自分の置き場所」に収める時は、ボールを動かしてコントロールするのではなく、地面に収めたボールを基点に体を移動させてセットしよう。

浮き球の落下をしっかりと見る

足元にピタリと収める

次にプレーする方向に体を反転

「自分の置き場所」にボールを収めながら、次のプレーモーションを入れる

STEP UP TRAINING ステップアップトレーニング

慣れてきたら指示者が次のプレー方向を指示する

浮き球を止めながらターンすることに慣れてきたら、「右」「左」「後ろ」とターンの方向を出し手に指示してもらおう。ボールを止める瞬間に指示が行われれば、素早い判断が身につく。

トラップする瞬間に出し手は指示する。受け手はその方向にターンする

このトレーニングのポイント

まずはしっかりとボールを地面に収めてから、素早くターンして「自分の置き場所」にセットする。

基本トレーニング13　練習時間 10分　人数 2人

浮き球を受ける③
(いろいろなボールを正確にコントロール)

浮き球は必ずしも足の甲で止められるわけではない。どんなボールがきても対応できるように、体の各部で正確に止める練習をしよう。

Menu内容

2人組でする練習。1.5m四方のグリッドを作り、受け手がグリッドの中に入る。出し手はランダムにいろいろな高さのボールを投げる。受け手は、グリッドの範囲から出ないようにしながら体の各部でボールの勢いを吸収し、しっかりと「自分の置き場所」に収めてから、パスを返す。

このトレーニングの動き方

できるだけ早く「自分の置き場所」にボールを収める

グリッドから出ないように体のどの部分を使うか早めに判断しよう。また地面に押さえたボールをできるだけ早く「自分の置き場所」に収めるように意識しよう。

グリッド内でスムーズにトラップできる部位を判断しよう

Chapter 2
トラップ基本編

いろいろな部位を使って自分の置き場所にボールを収める

ボールの高さや軌道によって、トラップしやすい場所が決まる。いろいろな種類のボールを投げてもらい、どんなボールでもグリッド内でトラップできるように練習しよう。

胸でコントロール

高いボールをトラップする時は胸を使ってボールの勢いをコントロールしよう

頭でコントロール

胸よりも高いところに来たボールは、頭で軽くタッチしてからトラップ

太ももでコントロール

腰の高さのボールは太ももの柔らかい面を使う。ボールの勢いを吸収するように足元に落とそう

自分の置き場所にボールを収める

ボールの勢いを消しながら「自分の置き場所」に素早く収める

このトレーニングのポイント

ボールを体のいろいろなところでトラップし、どこで触るといいか経験を養おう。

基本トレーニング14

練習時間 **15分** 人数 **2人**

浮き球を受ける④
(頭上を越えるボールを追う)

頭を越えて来る浮き球を、振り向いて走りながら正確にトラップして、次のプレーにつなげよう。

Menu内容

2人組でする練習。向かい合って立ち、出し手は受け手の頭を越すように大きく山なりのボールを投げる。受け手は出し手が投げた瞬間に反転して、ボールの動きに合わせて走りながら落ちて来るボールをトラップ。ボールの落下地点を素早く判断し、正確に「自分の置き場所」に収めるのがポイント。

このトレーニングの動き方

3m

背後に蹴られたボールの処理

試合で自分の背後にロングボールを蹴られた時、あるいは相手の背後へ走り込む時を想定して練習しよう。動きながらでも正確に足元にトラップすることで、次のプレーも意図した形で行うことができる。

背後からのパスや視界の外から来るボールでも、正確に足元にトラップできるようになろう

Chapter 2
トラップ基本編

できるだけ早く「自分の置き場所」に収める

試合で背後に蹴られたボールを処理する時は、相手が寄せてくる前にプレーできる「時間」を作りたい。ボールの軌道を見極め、できるだけ早く「自分の置き場所」にボールを収めよう。

1 ボールの出し手と受け手で向かい合って立つ

2 出し手がボールを投げた瞬間にターンして追いかける

3 受け手はボールが落ちる前に素早く走り込む

4 落ちて来たボールは柔らかくタッチして勢いを吸収

5 きちんと地面にボールを押さえながら…

6 素早く「自分の置き場所」にボールを収める

パスの出し手のポイント

慣れないうちはボールの軌道を調節しよう

後ろからのボールを追いかけて、前を向いてトラップするのは、慣れないうちは難しいもの。ボールを投げる人は、最初のうちはボールをあまり高く、遠くへ投げずに、ゆっくりでも確実にトラップができるようにしてあげよう。

基本トレーニング 14

落下地点を予測して走り込む

後ろからの浮き球を止めるのは、トラップの中でも難易度が高い。正確にトラップするために大切なのは、落下地点を予測して走り込むこと。頭の上にあるボールを見上げながら走り、距離感や落下地点をつかむのは初めはなかなか難しいが、繰り返し練習して感覚を身につけよう。

ここに落ちる

STEP UP TRAINING　ステップアップトレーニング

慣れてきたらトラップ後にターン

背後からの浮き球を正確にトラップできるようになってきたら、プレーする方向を変えるためにターンして「自分の置き場所」にボールを収めてみよう。ボールを投げる人が指示者となって、トラップする瞬間に「右」「左」「後ろ」とターンの方向を指示しよう。

落下地点を予測して走り込み、浮き球を地面に押さえる

指示された方向にターンしながら「自分の置き場所」にボールを収めろ

このトレーニングのポイント
飛んで来るボールの動きをしっかり見て、落下地点で確実にタッチしよう。

Chapter 3

トラップ
応用編

応用トレーニング 01

練習時間 **10分** 　 人数 **2人**

移動しながらの キャッチボール

動きながらキャッチボールをする練習。縦に並べたコーンの間に速いボールを通しながら2人で同じ方向に進んで行く。

Menu内容

向かい合って立った2人の間に、コーンを1.5m間隔で六つ並べる。二つのコーンの間に速いボールを通してパス交換しながら進む。パスを受ける側はボールをしっかりと「自分の置き場所」に収めてパスを返す。前に進む動きはできるだけ止めずに行いたいが、角度が悪い時は無理に進めずコーン間でやり直してもOK。最後のコーンの間を通すまでパスを繰り返そう。

このトレーニングの動き方

必ず「自分の置き場所」にボールを収めてからパス

相手のパスをダイレクトで返したり、ボールをしっかり収めずにパスしたりするのではなく、動きながらでも必ず「自分の置き場所」にボールを収めてからパスを返すのが大切。トラップをミスしても、できるだけ早くボールと体の位置を調整しよう。

「自分の置き場所」にボールを収めながらパス交換を繰り返す

Chapter 3
トラップ応用編

パスは速いボールを蹴る

コーンに当てることやトラップのミスを避けようとして、パススピードを落とさずにできるだけ速いパスを交換しよう。相手との角度が悪く、次のコーン間に移るタイミングが合わない場合は同じコーンの間でパスを繰り返し行ってもいい。

相手の足元に速いパスを正確に蹴るように意識しよう。速いパスに対応できるように、集中力を保って行おう。

コーンに当たらないようにパスを出す

コーン間からコーン間へと移動するためには、パスを受ける時にやや斜めにポジションを取り、コーンを避けられる角度をつける必要がある。出し手が正確にパスすることも大事だが、受け手がポジショニングで角度をつけすぎてもミスにつながる。

互いの角度と移動のタイミングが合わないと、パスのコース上にコーンがある状況が生まれてしまう。

このトレーニングのポイント

速いパスでもリズムよく「自分の置き場所」にボールを収める。パスが通る角度を考えポジショニングにも注意しよう。

応用トレーニング02　練習時間 10分　人数 4人

三角パス①
(パス交換をポストに限定)

3人の選手にポスト役1人を加え、トラップからパスにつなげる練習を、より試合の状況に近い形で行ってみよう。

Menu内容

ⒶⒷⒸの3人が5m間隔で立って三角形を作り、ポスト役の1人はその三角形の中に立つ。Ⓐが中央のポスト役にパスを出し、ポスト役はトラップしながら向きを変えⒷへパス。Ⓑはパスを受けたら、もう一度ポスト役にパスを返す。これをⒶ〜Ⓑ〜Ⓒ〜Ⓐ…と時計回りに繰り返しながら行う。

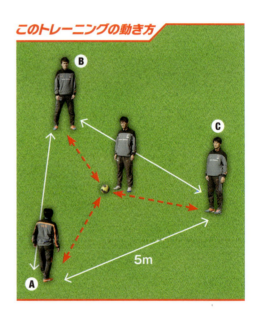

このトレーニングの動き方

外側の3人はどこへでも出せる「自分の置き場所」を意識する

この練習ではポスト役にしかパスを出さないが、ⒶⒷⒸの選手はポスト役だけでなく外側の2人にもパスを出せるように「自分の置き場所」にボールを置くことが大切。大きく体の位置を直さなくても軸足のつき方を変えて蹴るだけで自分以外の3人にパスを出せる状態を作りたい。

3人の誰にでもパスを出せる意識を持つことでより実戦に役立つ練習となる

Chapter 3
トラップ応用編

ポスト役は体を移動させて「自分の置き場所」にセットする

ポスト役はパスされたボールを動かしながらターンするのはNG。次の受け手に向く形で体を移動して「自分の置き場所」にボールをセットする。ボールが止まった状態を作り、万が一パスを出せなかった時に対応できるようにする。

パスを足元で受ける

次のパスの方向に合うようにボールを基点に体を移動…

「自分の置き場所」にボールをセットしたら次の人へパスを出す

ボールを動かすと選択肢がなくなる

「自分の置き場所」に収めずにボールを動かすとパスコースの選択肢が限定されてしまう。もしか、そのパスコースが切られたら、一気に状況が苦しくなってしまう。

1タッチ目でボールを動かすようにコントロール

右に流して「自分の置き場所」に置こうとするが…

パスコースが一つしかなくなっている

このトレーニングのポイント
外と中では動きが異なるが、ボールを「自分の置き場所」に収める意識を持っていればどちらも対応できる。

応用トレーニング03　練習時間 10分　人数 4人

三角パス②
（手を上げたらパス禁止）

三角パスのアレンジ型。パスの相手や順番を決めずフリーで行う。ドリブルで位置交換のルールも加わり、判断力が求められる。

Menu内容

3人が5m間隔で立って三角形を作り、その三角形の中に1人が立つ。順番は決めずに4人でパス交換をする。ただし、手を上げている人に対してはパスが出せない。またボール保持者以外の全員が手を上げている場合は、ボール保持者が3人のうちの誰か1人を選んでドリブルし、場所を入れ替わる。

このトレーニングの動き方

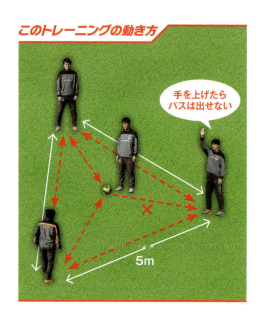

手を上げたらパスは出せない

5m

ボールを「自分の置き場所」に収めて状況に対応しよう

周囲の選手の手が上がるかどうか確認し、どこにパスが出せるかを判断する必要があるが、ボールを「自分の置き場所」に収めていれば、どの状況にもすぐに対応できる。ボールを動かして方向を限定してしまうとそのパスコースにボールを出せない状況になった時のパスコースの切り替えに時間がかかってしまう。

「自分の置き場所」に素早くボールが収まれば、誰が手を上げているかの判断も余裕を持ってできる

Chapter 3
トラップ応用編

手を上げている選手がいないか確認しよう

パスを出す時に、手を上げている人にはパスが出せない。全員が手を上げている場合は、ドリブルで誰かのところまで移動して入れ替わる。周りの状況をしっかりと見て判断しよう。

パスを出そうとした相手が手を上げている場合

向きを変える

パスを予定していた相手が手を上げていたらパスが出せない

違うパスコースに対応するように「自分の置き場所」に体をセットし直してパス

全員が手を上げていてパスを出せない場合

入れ替わる

自分以外の全員が手を上げていてパスが出せない状態

ドリブルで持ち出して、誰かと場所を入れ替わり、次のパスコースを探す

応用トレーニング 03

パスを受けたら周りを見てしっかりと判断する

パスを受けたら顔を上げて周りの状況をしっかりと把握しよう。初めはゆっくりでもいいが、慣れてきたら判断のスピードを上げてみよう。

ルックアップして手が上がっている状況を確認

ボールを「自分の置き場所」に保ったままパスコースを変更する

次の人は手を上げていないことを確認する

なるべく時間をかけずに正確にパスを送る

Chapter 3
トラップ応用編

トラップから判断、パスが正確でなければ テンポよくボールが回らない

トラップ→判断→パスという流れで、一つひとつのプレーが正確でなければスムーズなパス回しは成立しない。慣れないうちはまず、正確性を大事にしよう。

NG ボールを動かしてしまうと

「自分の置き場所」にボールを収めずに動かすとプレー方向が限定され…

パスが出せないのが分かった時点でボールの処理に困ってしまう

NG 周りの状況を見ていないと

周りを見ていないと、本来出せないコースにパスを出そうとして…

慌ててやり直そうとするが…

正しいコースにパスを出すまでに時間がかかってしまう

このトレーニングのポイント
ボールをしっかりと「自分の置き場所」に収めることで状況の対応力が上がる。

応用トレーニング 04　練習時間 5分　人数 4人

三角パス③
(攻撃方向を設定する)

三角パスをより実戦に近い状態で行う。三角形の一角を攻撃方向に設定して、それに沿った意識でプレーしよう。

Menu内容

3人が5m間隔で立って三角形を作り、その三角形の中に1人が立つ。三角のうちのどれか一角を攻撃方向に決め、3列目の2人から2列目、2列目から1列目、1列目から3列目の順番でパスを回す。ただし、2列目の選手は常に攻撃方向に体を向けた状態でパスを受けプレーする。

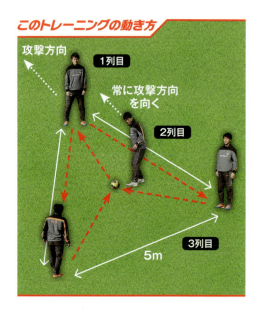

このトレーニングの動き方

攻撃方向／1列目／常に攻撃方向を向く／2列目／3列目／5m

実戦をイメージして パス交換を行う

攻撃方向を決めることで、より試合に近い状況をイメージしてパス交換ができる。2列目に位置する選手は常に前を向いた状況でパスを受けなければならない制限があるため斜め後ろからのパスに対応する技術が鍛えられる。

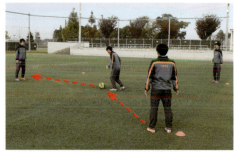

攻撃方向を決めることで、試合中に後方から前線にパスをつなぐ状況をイメージしやすい

Chapter 3
トラップ応用編

攻撃方向に体を向け、斜め後ろからのパスを受ける

試合中、ボールではなく、目的（ゴール）の方向に体を向ける時間を長くすると攻撃のアイデアが生まれやすい。この練習で斜め後ろからのパスに対応する技術を磨いておこう。

体は前を向きながら、顔だけを出し手の方に振って状況を確認しパスを受ける

同じ体勢のままボールを「自分の置き場所」に正確に収める

STEP UP TRAINING ステップアップトレーニング

斜め後ろの角度を鋭角にしてパスを受ける

慣れてきたら3列目の2人は2列目の選手に対して、より鋭角になるポジションをとる。2列目はパスの出所がより見えづらいところからのパスでも、正確にトラップできるようにしよう。

後ろの2人の距離を狭めて、より縦パスに近い角度から2列目にパスをする

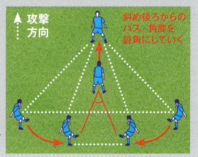

このトレーニングのポイント
体の向きを固定し、横や斜め後ろからのパスを「自分の置き場所」に正確に収めよう。

三角パス④
（ゴロと浮き球で交互にパス）

応用トレーニング05　練習時間 5分　人数 4人

三角パスをより立体的にした応用メニュー。ゴロ（グラウンダー）と浮き球を交互に織り交ぜる制限を加えてパス交換を行う。

Menu内容

3人が5m間隔で立って三角形を作り、その三角形の中に1人が立つ。パス交換する順番は自由だがゴロのパスを受けたら、浮き球でパスをし、浮き球のパスを受けたらゴロでパスをしなければならない。必ず「ゴロ→浮き球→ゴロ」の順番でパスを回す。浮き球を蹴る時は、一度ボールを浮かせてから蹴ってもいい。

ゴロ、浮き球、ゴロの順番でパスを出す

ゴロ→浮き球でより技術＆集中力が試される

パスの順番がゴロ→浮き球になることで、通常のパス交換よりもさらにボールコントロールの質が求められる。浮き球を受けてゴロにする、ゴロを受けて浮き球にする、そのどちらにおいても、ボールを「自分の置き場所」に収めることが重要になる。

ゴロにも浮き球にも対応できるように、常にパスの順序を追いながら準備をしておこう

Chapter 3
トラップ応用編

ボールの置き場所が悪いと浮き球のパスは蹴れない

ゴロのパスを受けて浮き球にするにはまずはボールを「自分の置き場所」に置くことが必須条件。足先でボールを浮かすために、ボールの位置はごまかしが利かない。

ボールを「自分の置き場所」にしっかりと収めていないと足先で浮かすことはできない

浮き球はしっかり収めてからゴロのパスを蹴ろう

浮き球のパスを受けた時はしっかりとボールの勢いを吸収して「自分の置き場所」に収めないと、パスが不正確だったり、バウンドしたりしてしまう。まずは焦らずにボールを確実に止めるように意識しよう。

浮き球がきた時に焦って処置すると、ボールが収まらず逆にもたついたり、不正確なパスになったりする

STEP UP TRAINING ステップアップトレーニング

手を上げた人にパスは出せないパターン

慣れてきたら「ゴロ→浮き球」に加えて、応用トレーニング03（86ページ）の「手を上げている人にパスは出せない」ルールを追加してみよう。より判断が難しくなり、常に集中して次のプレーを行うトレーニングになる。

手を上げている人にはパスを出せず、全員が上げていたらドリブルで位置を変わる

このトレーニングのポイント
最初はゆっくりでも構わないので、ゴロ→浮き球の区別をしっかりつけよう。慣れてきたらスピードを上げる。

Chapter 3
トラップ応用編

2014-15欧州CL決勝 バルセロナ vs ユベントス戦

Trap Selection No.7

ネイマール（ブラジル）
Neymar da Silva Santos Júnior

欧州CLタイトルを決めたATの駄目押し弾

　2014-15シーズン、バルセロナはメッシ、ネイマール、スアレスの南米3トップが、公式戦122得点という記録的な数字でチームを牽引。両クラブ共に8回目となる決勝の舞台で激突した欧州CLのユベントス戦。

　2-1と点を取り合い、迎えた後半アディショナルタイム7分。ネイマールはカウンターから駄目押しとなる3点目を決め、自身初の欧州CLタイトルと、メッシに並ぶ得点王を獲得した。

Chapter 3
トラップ応用編

2010-11 欧州CL バルセロナ vs アーセナル戦

GKを意のままに操った空間と時間を支配するアイデアと技術の最高峰

反撃の狼煙を上げたメッシの先制点

2010-11シーズン、欧州CLのベスト16でアーセナルと対戦したバルセロナ。第1戦をアウェーで1-2で落とし、ホームでの第2戦では勝利が絶対条件だった。

緊迫した試合の中、均衡を破ったのはメッシだった。前半アディショナルタイム、イニエスタのパスを冷静に決めて先制し、後半には2点を追加。2試合合計4-3で勝利し、ベスト8に進出した。

トラウムトレーニングのプレー解説!

トッププレーヤーの「神」トラップを厳選!
トラップセレクション No.7
ネイマール

**2014-15欧州CL決勝
バルセロナ vs ユベントス戦**

一見簡単そうな、無駄のないプレーが実は奥深い

　2014-15年シーズン、欧州CL決勝のネイマールのゴールは、後半のアディショナルタイム7分に生まれたプレーです。

　カウンターを仕掛けるバルセロナは、最前線に残っていたネイマールにボールを預け、ネイマールはペナルティーエリアの手前で後方から上がってきたスアレスにパスをつなぎます。

　この時、ネイマールは急いで戻ってきたDFから離れ、ポジションを取り直しました。そしてもう一度スアレスからパスをもらい、トラップして左足のシュートを決めます。

　このプレーで注目したいのが、まずはトラップの前の動きです。ネイマールはスアレスにパスした後、オフサイドラインを気にしながら前方にトラップからシュートまでを行えるスペースを空けるように動き直しています。次のプレーをイメージしたポジショニングです。

　そして次に、左足のトラップ一つで「自分の置き場所」にボールを正確に収めました。一歩踏み込むだけでシュートが打てる文句のつけようがない状態ですね。急いでシュートしているわけではないのに、動作が素早く映るのはプレーに無駄がないことの証明です。

　ネイマールと言えば観客を沸かせる派手なドリブルが代名詞です。でもこのプレーは地味ながら、基本に忠実でお手本のようなゴールでした。

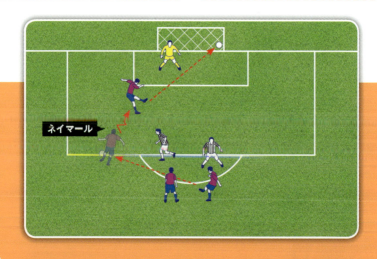

Chapter 3
トラップ応用編

トッププレーヤーの「神」トラップを厳選!
トラップセレクション No.8

メッシ

**2010-11 欧州CL
バルセロナ vs アーセナル戦**

1タッチ目をわざと浮かせ、GKを誘い出すメッシならではのアイデア

　欧州CLのアーセナル戦でメッシが決めたスーパーゴールです。

　ペナルティーエリアに侵入したメッシが、イニエスタから少し浮かせたパスをもらい、トラップ後に飛び込んできたGKをシャペウ（足首のスナップを使い、つま先でボールを頭上に浮かす技）でかわしてシュートを打ちます。

　まずはメッシの動き出しに注目します。前を向いていつでもパスを出せる体勢のイニエスタに対して、前方のスペースに出して欲しいメッシは、まるで「待ち合わせ場所」が決まっていたかのように走り込み、パスを引き出しています。

　イメージを共有しているイニエスタからパスが届くと、浮き球のパスをメッシは1タッチ目でわざと浮かせてトラップします。

　次の瞬間、アーセナルのGKが飛び出してきて、メッシは浮かしたボールをもう一度蹴り上げてGKをかわし、がら空きになったゴールへシュートを流し込みました。

　1タッチ目のボールをわざと浮かせるアイデアは教科書通りにプレーする日本人にはなかなか出ない発想ではないでしょうか。また発想だけでなく、トラップでGKをおびき出し、バウンドしたボールをもう一度浮かしてかわす技術もまさに彼だけのもの。すべてがメッシのイメージ通りに操られたシーンでした。足元に止めるだけがトラップではない素晴らしいプレーです。

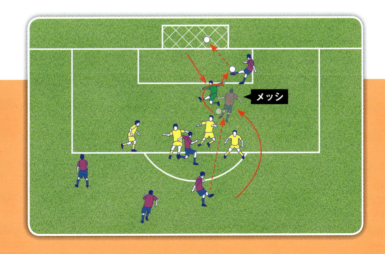

応用トレーニング06 　練習時間 **10分**　人数 **4人**

相手を外してトラップ①
（動き出しのタイミングを意識）

4人でパス回しをしながら、相手と受け手の関係、マークを外して動き出すタイミングを理解する練習。

Menu内容

❶Ⓐ がⒷにパスを出し、Ⓑが「自分の置き場所」にボールを収めた瞬間にコーン（マークされるDFに設定）の脇に立つⒸがDF（コーン）を外して動き出す。ⒷはⒸの足元にパスを出す。ⒹはⒸがいたコーンの脇に移動する。
❷Ⓒは「自分の置き場所」にボールを収めながら、Ⓓの方向に体をターンしてパス。Ⓓがトラップした瞬間にⒷがDF（コーン）を外して動き出し、ⒹはⒷの足元にパス。ⒶはⒷがいたコーンの脇へ移動する。
次はⒷがⒶにパスを出し、①〜②を左右逆にして続け、これを繰り返す。

出し手のトラップを見極めるのが重要

自分にパスを出す相手が「自分の置き場所」にボールを収め、パスを出せるようになった瞬間に動き出すのが鉄則。自分へのマークを想定して、どのタイミングならマークを外しやすいか、またはパスが受けやすいかという感覚を身につけよう。

このトレーニングの動き方

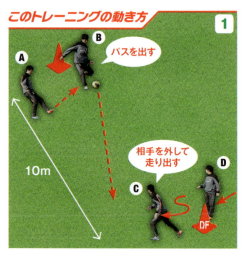

Chapter 3
トラップ応用編

動き出すタイミングを身につける

出し手がパスを出せるタイミングは、ボールが「自分の置き場所」に収まって、パスコースを判断する瞬間。それより前や後に動き出すのでは、なかなかパスがもらえない。タイミングを合わせる感覚を養おう。

パスを受ける選手

出し手がパスを受けようとしている

ボールの動きを見ながらまだ位置を変えない

出し手がトラップ

出し手が「自分の置き場所」にボールを収めるタイミングを計りながら…

出し手がルックアップ→パス

出し手が顔を上げた瞬間にマークを外して動き出す

パスが成功!!

ボールを「自分の置き場所」に収める

「自分の置き場所」にボールが収まる瞬間が合図になる

受け手は出し手の動きに連動するため、出し手がボールを「自分の置き場所」にしっかりと収めることで、受け手もパスのタイミングが計りやすくなる。また、タッチした瞬間にボールを「自分の置き場所」に収めることで、コンビネーションにも「速さ」が生まれる。

パスを出す選手

まずはパスを正確にトラップ

パスが出せる状態を早く作る

受け手の動き出しに合わせてパスを出す

応用トレーニング 06

STEP UP TRAINING ステップアップトレーニング

マークする相手を加え動き出しのタイミングを養う

慣れてきたらコーンを選手に変え、実際にマークを外してパスをもらう動きを練習する。パスの出し手の動きにも注意しながら、どのタイミングならマークが外れた状態でパスを受けられるのか試してみよう。

動かないコーンを実際の選手に変えるとどうなるか？ 実戦に近い形で体感する

出し手の準備と受け手の動き出しのタイミングが合えば、マークを外した状態でパスを受けることができる。さらにトラップと同時に振り向ければ、プレーの自由度が高まる。

1 出し手がトラップ
出し手がパスを止める直前ではまだ動き出さない

2 出し手がルックアップ
出し手が「自分の置き場所」にボールを収めた瞬間に動き出す

3 出し手がパスを出す
出し手は受け手が動く先に素早くパス

4 相手が追いかける
相手は出遅れてついていけてない

5 パスを受ける
フリーの状態で安全にトラップしながらターン

6 スペースが生まれる
ボールを「自分の置き場所」に置いた状態で、DFと向き合える

Chapter 3
トラップ応用編

出し手がトラップする前に動き出すと、DFもついてきてパスを受けた瞬間に詰められてしまうか、パスカットされてしまう。出し手もマークされている状態ではパスが出せない。

1 出し手がパスを受けようとしている…
出し手がパスをトラップする前に走り出してしまう

2 出し手がトラップ
背後から相手もついて来る

3 出し手がパスを出す
一瞬マークが遅れているが…

4 トラップ際でボールを奪われる
パスが届く時点で寄せられてしまっている

このトレーニングのポイント
受け手は出し手を見て動き出す。出し手はトラップしながら素早くパスの準備をする。

応用トレーニング07　練習時間 10分　人数 4人

相手を外してトラップ②
（攻撃方向へのターンを意識）

応用トレーニング06（100ページ）のアレンジバージョン。マークを外す動き出しのタイミングに加え、パスコースの状況判断を求められる。

Menu内容

❶ⒶがⒷにパスを出す。Ⓑがトラップしたら©が動き出し、ⒷがⒸにパスを出す。Ⓒはパスを受けたらⒹの方へターンし、Ⓓにパスを出す。Ⓓはトラップしたら、Ⓐにパスを出す。
❷途中までは❶と同じだが、Ⓒがパスを受けた時点で、Ⓓが手を上げていたらⒹにはパスを出せない。一度Ⓑにパスを戻し、反対サイドに動いて、再びⒷからパスを受けることでⒸはⒹにパスを出せるようになる。

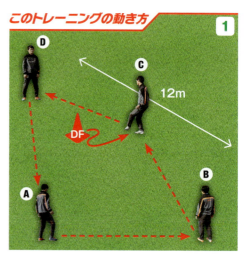

このトレーニングの動き方　1
12m

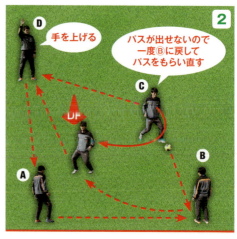

2
手を上げる
パスが出せないので一度Ⓑに戻してパスをもらい直す

フリーになる動きと、パスが出せるかの判断

応用トレーニング06（100ページ）で行ったマークを外してパスを受ける動きに、パスコースを消されてしまった時の判断を加えた練習。マークを外す動きとその後のパスの判断という二つのことを意識しながら、ボールをトラップする。首を振らなくてもパスコースが確認できる体の向きを保つようにしよう。

Chapter 3
トラップ応用編

出し手に対して半身になってパスを受けると…

パスを受ける際、次にプレーする方向を意識して、トラップ時に体の向きを半身にしておく。体の向き一つで視野の広さが全く違うので意識しよう。

出し手に対して半身になってパスを受ける

トラップ時にはパスを出す先が見えている

「自分の置き場所」にボールを収める動きも最小限で済む

パスを出す

出し手に対して正対してパスを受けると…

出し手の方を向いてパスを受ける

首を振ってパスを出す先の状況を見る必要がある

ターンして「自分の置き場所」にボールをセット

パスを出す

このトレーニングのポイント
マークを外す動きの後の体の向きが重要。常に次のプレーを想定しよう。

応用トレーニング08 | 練習時間 15分 | 人数 2～3人

背後から来るゴロのパスをトラップ～シュート

コーンをすり抜けて走りながら、後ろからのパスを受け、そのままシュートまで持っていく。コーン間でボールを受ける二つの形を練習しよう。

Menu内容

Ⓐ がⒷ にパスを出す。Ⓑ がトラップしたら、Ⓒ がコーンの間をスラロームの要領で走り抜ける。Ⓑ はⒸ がコーンを走っている間に、Ⓒ にパスを出す。Ⓒ は動きながらトラップしてボールの置き場所を意識しながら運びシュートを打つ。

このトレーニングの動き方

ゴールの四隅すべてにシュートが打てる位置にボールを置く

スラローム中のトラップだけでなく、シュート時もゴールの四隅すべてに打てる場所にボールを置くことがポイント。置き場所が悪いと、シュートコースが限定されるため、GKに簡単にコースを切られて、効果的なシュートが打てなくなってしまう。

シュートコースが多ければ、GKとの1対1に少しでも余裕が生まれる

Chapter 3
トラップ応用編

ボールを迎えにいく形

受け手の©がコーンの間を手前に向かってくるタイミングでパスを出すと、ボールを迎えにいく形のトラップになる。タッチの加減が難しいので注意。

コーンの間を手前に抜けるタイミングで、後ろからパスが来る

1タッチでゴール方向へ運ぶ。タッチの加減に注意しよう

ボールを「自分の置き場所」に収めながら前方に運ぶ

ボールから離れていく形

受け手の©がコーンの間を奥に離れていくタイミングでパスを出すと、ボールから離れていく形のトラップになる。ボールの勢いと自分スピードを合わせるよう注意。

コーンの間を奥に抜けていくタイミングで、後ろからパスが来る

ボールを足元に引きつけたら、1タッチでゴール方向へ流す

きちんと「自分の置き場所」に収めながらゴール前へ運ぶ

STEP UP TRAINING ステップアップトレーニング

コーンの間を奥に抜けていくタイミングで少し遅れてパスが来る

一度、股の間にボールを通して遠い方の足で縦に流す

ボールをしっかりと「自分の置き場所」に収めながらゴール前へ運ぶ

このトレーニングのポイント
ボールを迎えにいく形と離れていく形、どちらのタイミングにも対応できるようになろう。

応用トレーニング09 　練習時間 **15分**　人数 **3人**

背後から来る浮き球のパスを
トラップ〜シュート

応用トレーニング08（106ページ）のバリエーションとして、今度は浮き球のパスをスムーズにシュートにつなげるようにトラップする。

Menu内容

Ⓐが Ⓑにパスを出す。Ⓑがトラップしたら、Ⓒがコーンの間をスラロームの要領で走り抜ける。ⒷはⒸがコーンを走っている間に、Ⓒに浮き球のパスを出す。Ⓒは動きながらトラップしてボールを運びシュートを打つ。

このトレーニングの動き方

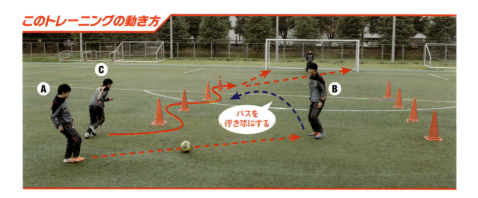

パスを浮き球にする

浮き球を1タッチで
自分の置き場所に収める

ゴール前では何度もボールを持ち替えるような余裕はないので、1タッチでシュートが打てるのが理想。コーン間でボールを受ける時も常にシュートを意識しておく。浮き球は1タッチ処理がゴロよりも難しいので、どうトラップすればいいのか、研究しよう。

ボールを受ける時の体の向きとスピードも大切なポイント

Chapter 3
トラップ応用編

ボールを迎えにいく形
（インステップで止める場合）

ボールを迎えにいく形でトラップする時は、勢いを吸収する柔らかいタッチを意識する。

向かってくるボールのバウンドを見極める | 体の向きとスピードを調整してトラップの体勢に | ボールを「自分の置き場所」に収めて… | スピードに乗ってシュートへ

ボールから離れていく形
（インステップで止める場合）

離れていく形でトラップする時は、ボールを縦に流すように、体を開きながらタッチする。

ボールの軌道を見て、落下地点を予測する | バウンド際に合わせてボールと距離をとる | ボールを体側に引くようにタッチする | 縦に流すようにトラップして前に出る

シュートの形まで持っていく

浮き球はもたつかずにできるだけ1タッチでシュートが打てる形に持っていける意識を持つ。

ゴール前で、浮き球を1タッチで「自分の置き場所」に置くことができれば… | 流れるような動きでムダなくシュートの体勢に入り、ゴールを狙うことができる

このトレーニングのポイント

浮き球のトラップは体のどこで、どのタイミングでボールを触り「自分の置き場所」に素早く持っていけるかがポイント。

応用トレーニング 10

練習時間 15分　**人数** 3〜4人

狭いスペースで相手を外してトラップ〜シュート

ゴール前の相手DFが密集した場所をイメージしてパスを受け、シュートまで持っていく練習。

Menu内容

Ⓐ がⒷにパスを出す。Ⓑにパスが出るのに合わせて、Ⓒはコーンが密集した中を自由に走る。ⒷはⒸにパスを通すタイミングを計ってパスを送る。ⒸはⒷからのパスをトラップして、シュートを打つ。

このトレーニングの動き方

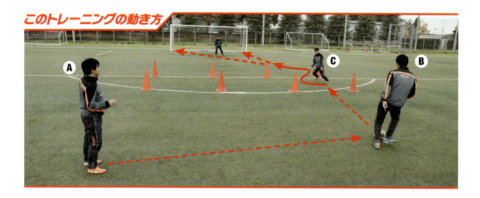

密集の中で素早くシュートまで持っていく

ゴール前の狭いスペースでパスを受ける場合は、時間をかけずにどれだけ早くシュートまで持っていけるかがポイントになる。Ⓒの選手は、トラップをする時に周りの状況を素早く判断し、どこにどう止めたら実際にシュートまで持っていけるかをイメージすることが必要になる。

ゴール前の密集は、ある反面、そこさえ抜けられれば、GKと1対1になれる、大きな得点チャンスとも考えられる

Chapter 3
トラップ応用編

受け手は、出し手がパスが出せるタイミングでマークを外す

密集の中でパスを受けるためには、相手のマークを外す動きが重要になる。出し手がパスを受け「自分の置き場所」にボールを収めた瞬間に、マークを外してパスを受けられるポジショニングを取ろう。

ⒶがⒷにパス　　　　　　　　　　　　　Ⓑがトラップ→パス
出し手にパスが出たタイミングではⒸはまだ位置を変えない　　Ⓑが「自分の置き場所」にボールを収めた瞬間にⒸはマークを外してコーンの間に顔を出す

出し手は受け手のポジショニングを見て出す

出し手は、受け手がパスを受けられるポジションにいるかを判断する必要がある。マークが外れていなかったり、コースがないのにパスを出してもミスになってしまう。

コーンとコーンの間に受け手が立っており、コースがあるので確実にパスを通せる　　受け手がコーンの後ろに隠れてコースがない状態なので、パスを出しても通らない

このトレーニングのポイント
受け手が動き出すには出し手の準備が重要になる。状況に応じて最小限のタッチでシュートする意識を持つ。

トッププレーヤーの「神」トラップを厳選!
トラップセレクション No.9

116ページで プレー解説

2000-01スペインリーグ最終戦 バルセロナ vs バレンシア戦

Rivaldo Vitor Borba Ferreira

Trap Selection No.9
リバウド
（ブラジル）

Chapter 3
トラップ応用編

イマジネーションと技術に裏打ちされた球史に残る伝説のオーバーヘッド

欧州CL出場を勝ち取ったハットトリック仕上げの一撃

　2000-01シーズン、リーガエスパニョーラ最終節のバルセロナ対バレンシア。バルセロナは勝てば欧州CL出場枠を獲得し、引き分け以下でバレンシアにその座を譲る、まさに天国と地獄を決める一戦。

　リバウドとバラハが２点ずつ決め、2-2で迎えた後半43分、フランク・デ・ブールのパスを胸トラップしたリバウドがとどめの一撃をオーバーヘッドで突き刺す。ドラマ仕立ての劇的な展開に終止符を打つ伝説のハットトリックは今もサポーターに語り継がれる。

Chapter 3
トラップ応用編

Trap Selection No.10

ロナウジーニョ②
(ブラジル)

カンプノウが沸いた独創的アクロバットプレー

　2006-07シーズン、リーガエスパニョーラ第12節。バルセロナはリケルメ擁するビジャレアルをホームに迎えた。
　欧州CLに出場するなど好調なビジャレアルを相手に、後半43分にしてスコアは3−0とすでに勝負は決していた。そんな中、DFラインを抜け出したロナウジーニョは、シャビからのパスをオーバーヘッドで決め、4得点のゴールショーをスーパーゴールで締めくくった。

> トラウムトレーニングのプレー解説!

トッププレーヤーの「神」トラップを厳選！
トラップセレクション No.9

リバウド

2000-01スペインリーグ最終戦
バルセロナ vs バレンシア戦

瞬時のアイデアと実行するテクニックの融合

　2000-01シーズンのリーガエスパニョーラ最終節、バルセロナ対バレンシアでリバウドが決めた伝説的なオーバーヘッドシュートです。

　中盤からのフランク・デ・ブールの浮き球パスを、リバウドは胸トラップで浮かせてオーバーヘッドシュートしました。

　まずリバウドは浮き球のパスが来た時点で、このシュートのイメージが出来上がっていたと思います。そのイメージに沿って必要な技術を正確に実行したのでしょう。

　これだけトリッキーで難しいシュートにもかかわらず、ボールに体がしっかりとついていき、動きに一切無駄がないことがそれを証明しています。恐らくオーバーヘッドキックのイメージがなければ、彼の技術からすれば胸に当てたボールをあのように浮かせてコントロールすることはなかったはずです。

　イメージがあったからこそ、胸トラップで浮かせたボールは高すぎず、低すぎず、オーバーヘッドをするのに最適な高さにコントロールされています。ボールをどこで、どのくらいの強さで、どう触ればいいかを知り尽くしている完璧なトラップです。

　その後のシュートも普段からこういったアイデアが頭の中にあり、練習でもやっているからこそのプレーだったと思います。ただ、引き分けも許されないゲーム、チャンスを大事にしたいこの展開でこんな大胆なプレーを決めてしまうのはさすがとしか言いようがありません。

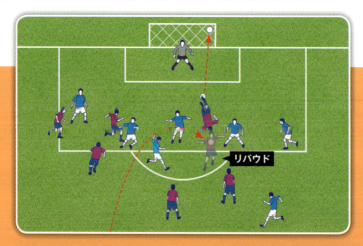

Chapter 3
トラップ応用編

トッププレーヤーの「神」トラップを厳選!
トラップセレクション No.10
ロナウジーニョ②

2006-07スペインリーグ バルセロナ vs ビジャレアル戦

タイミングがつかめないオリジナリティーあふれるシュート

　2006-07シーズンにロナウジーニョがビジャレアル戦で決めたオーバーヘッドでのゴールです。

　リバウドのイメージ通りの完璧なシュートに対して、ロナウジーニョのこのプレーは体が自然に反応した類のプレーだったと思います。

　シャビがペナルティーエリアの付近で「自分の置き場所」にボールをセットした瞬間にロナウジーニョはDFラインの裏に走り込みます。

　DFの裏を取ってボールを受ける時に、目の前にDFが見えたロナウジーニョは、とっさにDFがいない後ろ側に胸トラップで浮かせました。

　DFは裏を取られてしまったので、トラップ際を狙うという距離感で詰めていましたが、このトラップに全くついていけませんでした。

　ロナウジーニョは浮かせたボールに対して反転しながら合わせていきます。ちょうど体が180度反転した瞬間に、ロナウジーニョは突然、右足のオーバーヘッドでシュートを打ったのです。GKはこのタイミングでシュートを打たれるイメージがなかったため、完全にタイミングを外されてしまい、反応したころにはボールはもうゴールに収まっていました。

　状況の変化に応じてトラップの場所を変えるアイデアの豊富さと、技術レベルの高さをまざまざと見せつけるプレーでした。

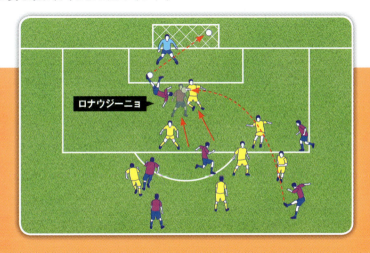

応用トレーニング 11

練習時間 10分　人数 2〜3人

背後から来るロングボールを
トラップ〜シュート

ゴール前に走り込み、背後からのロングボールをトラップ。ボールを止めるゾーンによってシュートへのつながりの違いを意識して練習しよう。

Menu内容

パスの受け手がゴール前に向かって走り出したら、出し手は後方から、その動きに合わせて手前か奥、どちらかのゾーンを選び長い浮き球のパスを送る。

受け手は体を前に向けたままボールをトラップして、GKとの1対1の駆け引きの中でシュートを打つ。

このトレーニングの動き方

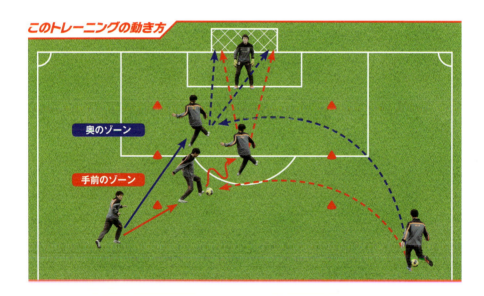

奥のゾーン / 手前のゾーン

ゾーンの特性を理解してシュートを打つ

ゴール前にコーンを六つ並べて、手前と奥の二つのゾーンを作る。受け手はボールを止めたゾーンの特性を理解してシュートを打とう。ロングボールでもしっかりと「自分の置き場所」にボールを収めることができるようになれば、シュートの形につなげるバリエーションも広がっていく。

Chapter 3
トラップ応用編

GKとの距離によってシュートへの持ち出し方が変わる

ゴール前はGKとの距離で区別する二つのゾーンによって、シュートへの持ち出し方が変わってくる。ゴールから遠い手前のゾーンでトラップできれば、ボールをさらに持ち出して運びながらシュートを打てる。奥のゾーンの場合は、GKの位置が近いためトラップしてすぐにシュートを打つ必要がある。

手前のゾーン

後ろから来る浮き球を手前のゾーンでトラップする

トラップと同時に「自分の置き場所」にボールを収め前方に運ぶ

GKと1対1の状況。コースを狙って冷静にシュート

奥のゾーン

後ろから来る浮き球を奥のゾーンでトラップする

GKに近づきすぎないためにも、素早く「自分の置き場所」にボールを置く

状況次第ではノートラップでシュートを打つのも選択肢の一つ

このトレーニングのポイント
ロングボールが送られるゾーン、GKの位置を把握してトラップ〜シュートの判断をしよう。

応用トレーニング12 ｜ 練習時間 10分 ｜ 人数 2〜3人

横から来るロングボールを
トラップ〜シュート

ペナルティーエリア内に走り込みながら、サイドから来るロングボールをトラップして、シュートの形へ持っていく。

Menu内容

ペナルティーアークに置いたコーンからゴールエリア手前のコーンに向けて受け手が動き出したら、出し手は横方向から浮き球のパスを出す。受け手は横から来る浮き玉をトラップしてシュートする。出し手がパスを出さない場合は、受け手がコーンまで進んで折り返す。出し手はそのタイミングでパスを送り、受け手はそのボールをトラップしてシュート。

このトレーニングの動き方

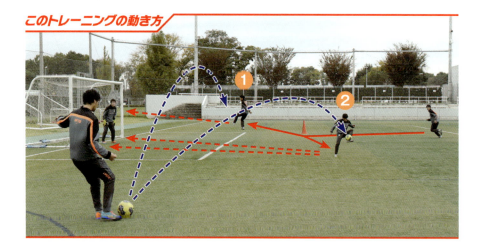

クロスボールに対し、的確な場所、最適なトラップを選択しよう

ボールを受ける時の状況によって、トラップの仕方を変える。シュートを打つにはあまり良くない状況であれば、体制を整える時間を作るため、ボールを浮かせてコントロールするのも良いアイデア。すぐにシュートが打てるのであれば時間をかけずに、足元に落とすようにコントロールする。パスの軌道を見てどこで、どう止めるのか判断しよう。

Chapter 3
トラップ応用編

❶ゴールエリア付近ではすぐにシュート

ゴールエリア付近ではトラップからシュートまでを素早く行えるように集中しよう。GKとの距離が近いので、「すぐにシュートを打てる所」や「GKが届かない所」に意識してトラップする。高さのあるボールを受ける場合でも、胸や頭でできるだけ早く足元に収めてシュートに持っていく。

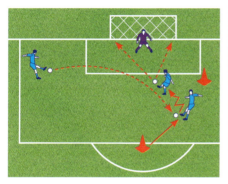

正面ではなく横に落とし、GKとの距離を取りながら素早くシュート

❷遠いゾーンではより良い体勢でシュート

GKと距離が保てる場合は、素早くシュートへ持っていく意識は変わらないが、より良い体勢でシュートを打つことを意識する。体勢が悪い場合は、「自分の置き場所」に収める前に、ボールを浮かせて体勢を整えるための時間を作るのも選択肢の一つ。

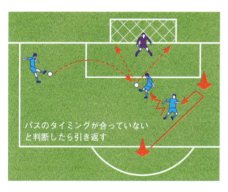

パスのタイミングが合っていないと判断したら引き返す

ボールを浮かせれば、体勢を整える時間を作ることもできる

このトレーニングのポイント

どちらの状況でも、浮き玉をトラップしてシュートに素早く持っていくことを意識する。

応用トレーニング 13

練習時間 10分　**人数** 3人

トラップ際での1対1

トラップ際に寄せてくる相手をかわして、攻撃方向にボールを持ち出すことを意識したトラップの練習。

Menu内容

Ⓐとても Ⓑはパスの出し手の方向を向いて立つ。出し手がⒶに対してパスを出したら、Ⓑはすぐさまボールを奪いに寄せていく。Ⓐはパスをトラップしながら Ⓑのチェックをかわし、攻撃方向へ持ち出す。この一連の動きを繰り返し練習する。

このトレーニングの動き方

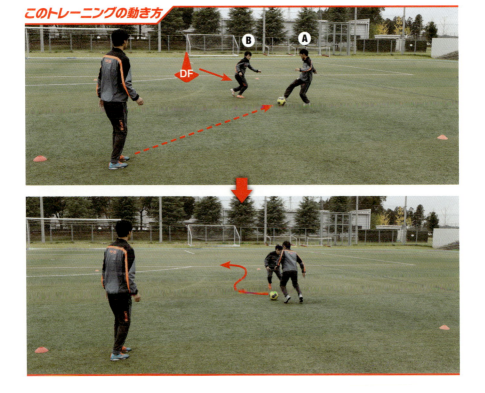

Chapter 3
トラップ応用編

ボールと相手との距離でトラップの判断をする

トラップの瞬間に寄せてくる相手との距離感で、一度のトラップでかわすのか、足元にボールを止めて相手に食いつかせてから外すのかを判断する。相手の狙いを察知して、その裏を取れるように工夫しよう。

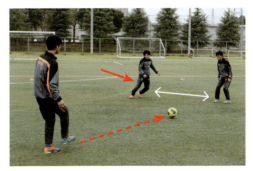

受け手は、パスのスピードや相手との距離を見ながら動きを考えよう

手前と見せかけて流しながらトラップ

相手の詰めるタイミングが早くて、手前にトラップした瞬間を狙われる場合がある。その時は手前で触らずに流して、ボールを止めるポイントをずらし、相手の足をかわそう。ボールに触る直前まで手前で止めるように見せかけるのがポイントだ。

相手が詰めてきて、手前にトラップする瞬間を狙っている

手前で、相手は足を出してしまう

相手とすれ違うように、奥にボールを流して止める

ボールを「自分の置き場所」に収めながら、裏へ抜ける

応用トレーニング 13

相手を誘って足を外す

ボールが「自分の置き場所」に収まった後に相手が寄せてくるようなタイミングでは、相手を誘ってかわすのも一つの手だ。ボールを少し相手に見せ、相手が足を出した瞬間にボールを動かして足を外すようなイメージで行う。

トラップする瞬間に相手との距離がある

自分の置き場所

ボールを「自分の置き場所」に収めた有利な状態で相手と向かい合う

相手が足を出してきたら、ボールを後ろへ引く

自分も体の位置を調整し、相手を誘い込みながらボールを「自分の置き場所」にキープ

相手が深追いしてきた瞬間にボールを横方向にずらす

相手をかわして入れ替わるように、ボールを攻撃方向へ持ち出す

このトレーニングのポイント
相手との距離感に注意。相手の狙いを感じて、奪いにくる動きを逆手に取ろう。

Chapter 4

トラップ
発展編

発展トレーニング01

練習時間 5分　人数 2人

状況判断を加えた キャッチボール

キャッチボールに複数の動作パターンを加え、相手の指示に従って対応する練習。ボールと共に合図も判断し次のプレーを行えるようになろう。

Menu内容

2人で向き合って立つ。Ⓐがパスを出した後に❶～❺のいずれかの指示を出し、Ⓑはその指示に従ってボールを扱う。
❶指示なし（通常のパス交換）
❷両手を上げる
　（ダイレクトでパス）
❸右手を上げる
　（左にずらしてトラップ）
❹左手を上げる
　（右にずらしてトラップ）
❺しゃがむ（スルー）

このトレーニングの動き方

❶指示なし→通常のパス交換

Ⓐからの指示がない場合は、通常のパス交換。指示に混乱することのないように、常に準備をしておこう。また、どんな状況でも「自分の置き場所」にボールを収めることが大切。とはいえ、あまり「止める」ことを意識しすぎると、❷のダイレクトパスや❺のスルーなどの変化に対応できないので注意。

向かって来たボールを「自分の置き場所」に収めてパスする基本形は、無意識にでもできるようになっておこう。

Chapter 4
トラップ発展編

❷両手を上げる→ダイレクトでパス

Ⓐが両手を上げたら、Ⓑはダイレクトでパスを返す。ダイレクトであっても「自分の置き場所」にボールを収めてキック。ギリギリまで変更可能な体勢でボールを持っていればダイレクトでも正確に返せる。

指示者が両手を上げたらトラップはできない。ダイレクトでパスを返そう

❸右手を上げる→左にずらしてトラップ

Ⓐが右手を上げたら、Ⓑはボールを左にずらしながら「自分の置き場所」に収めてパスを返す。丁寧にタッチし、体をすぐに移動させて、トラップしよう。

パスを出した後に指示者が右手を上げたのを確認したら、受け手は左にずらしてトラップする

❹左手を上げる→右にずらしてトラップ

Ⓐが左手を上げたら、Ⓑはボールを右にずらしながら「自分の置き場所」に収めてパスを返す。体を移動させずにずらしたボールをすぐに蹴ろうとすると正確なパスはできない。

パスの後に指示者が左手を上げたら、ボールを右に持ち出してトラップする

❺しゃがむ→ボールをスルー

Ⓐがパスを出した後にしゃがんだら、Ⓑはそのボールに触らずにスルーする。直前までしっかりと状況を見て判断しなければスルーできない。

指示者がしゃがんだのを確認したら、ボールを触ってはいけない。背後に抜けきったボールを追ってからパスで戻そう

このトレーニングのポイント
直前までボールを「止めず」にプレーする態勢で待ち、指示に合わせてプレーするのがコツ。

発展トレーニング02

練習時間 5分　人数 10～20人

密集でのパス練習①
(スペースとギャップの意識)

複数の選手とボールが交錯する密集でのパス交換。選手同士が移動し、周囲の状況が変わる中で狭いスペースを生かし、ギャップにパスを通す。

Menu内容

2人1組を複数組み、15m四方程のグリッドの中でパス交換をする。パスは必ず他の組の2人の間（ギャップ）を通すようにする。周りの選手との距離やスペースに注意してどこに動いてパスを受ければよいか考えながら行う。人数を増やして行えば、難易度が上がる。

このトレーニングの動き方

パスは必ず他の組の2人の間を通す

確実に「自分の置き場所」にボールを収める

人が密集した狭い範囲の中でこそ、「自分の置き場所」にボールを収める重要性に気づく。ボールタッチが悪く、「自分の置き場所」にボールを収めるのに時間がかかってしまうと、周囲の状況がガラッと変わってしまう。密集の狭いスペースでもパスを通せるように正確なトラップを心掛けよう。

狭い範囲内で、刻々と変化する状況に対応しながらもボールは「自分の置き場所」に

Chapter 4
トラップ発展編

ギャップでパスを受ける

パスを出した後、その場から移動する方が良いのか、その場に止まっている方が良いのか周りの状況を確認しながらプレーしよう。動き回る選手と選手のギャップで正確にトラップ&パスを繰り返す。

ボールだけでなく、狭いグリッドの中で絶え間なく動く周囲の選手に気を配る

選手とボールが動くことで状況は常に変化するため、その都度、どこにギャップ=パスコースができるのか確認する

スペースやギャップは移り変わる

トラップやパスを出す判断が遅れると、すぐにパスコースを失ってしまうので注意する。また、実際にキックをする時の動作に時間がかかったり、パススピードが遅かったりしても同様にコースを失うことになる。

この時は、まだ2人の間が大きく開いた状態だが…

次の瞬間にはもう閉じてしまっていて、パスを通すことができない状態に

このトレーニングのポイント
狭いスペースでトラップとパスをする正確な技術、周囲の状況を読む判断力の二つが求められる。

発展トレーニング 03

練習時間 10~15分　**人 数** 15~30人

密集でのパス練習②
（鬼ごっこ）

密集でパス交換をしながら「鬼ごっこ」をする。鬼に捕まらない距離感やスペース、パスのタイミングを考えながら行おう。

Menu内容

参加する人数の3人に1人の割合で鬼を決め、30m四方程のグリッドの中に配置する。残りの選手はパス交換（ドリブルをしてもいい）をしながら鬼から逃げる。ボールを持った状態で鬼にタッチされた選手は鬼を交代する。ボールを持っていなければ鬼に触られてもOKなので数的有利な状況を上手に利用しよう。

このトレーニングの動き方

ボールを持っている時にタッチされたら交代

グリッド内で鬼以外の選手は、パス交換をしながら鬼から逃げる。パス交換はグリッド内の選手全員に可能。ボールを持っている時に鬼に体を触られたら、触られた選手が鬼を務める。鬼はターゲットからボールを奪う必要はないので、単純にボールを持っている選手の体にタッチするように動こう。

ボールを持っている状態でビブスを着た鬼にタッチされたら役目を交代する

Chapter 4
トラップ発展編

止めてから蹴るまでの時間＋パススピードにこだわる

鬼との距離がどの程度あれば自分が安全なのか理解しよう。トラップ〜パスの動作が素早く正確なら鬼が近くても怖くない。

ボールを「自分の置き場所」に置いて、いつでもパスが出せる状態

鬼とこのくらいの距離があれば、かなり安全な状態でパスが出せる

鬼に触られないためにどう動くか

ドリブルとパスを使い分けるのが大切。プレーが片寄ると鬼が狙いを絞りやすい。両方を使い分けて鬼の逆をついてプレーしよう。

鬼に味方（パス）を意識させることができれば、ドリブルで相手から離れることも有効になる

数的有利で、すぐにパスが出せる状態を作れば、鬼もすぐには飛び込んでいけない

このトレーニングのポイント
周りの状況を察知して、ドリブルとパスを使い分けられる位置でボールを受けることを意識しよう！

発展トレーニング04 練習時間 5〜10分 人数 4人

相手を外してトラップ〜シュート①
（後方からグラウンダーのパスを受けて）

後方にいる選手とパス交換。DFの注意を引きつけ、逆の動きでマークを外して、ボールを受ける練習。

Menu内容

まずⒶがⒷにパスを出す。ⒷはⒶにパスを返しながら動き出しDFの注意を引く。Ⓐがトラップした瞬間、ⒷはDFの動きの逆を取ってマークを外し、パスをもらう。パスを受けたら、ゴールに向かう位置にトラップして、シュートを打つ。

このトレーニングの動き方

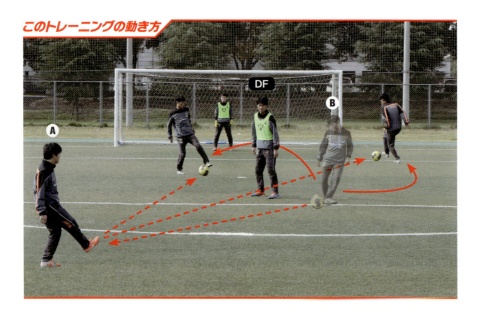

Ⓐが「自分の置き場所」にボールを収めた瞬間を狙う

Ⓐがボールをトラップしてパスが出せる状態になったのを確認したらDFを外そう。Ⓐがパスの準備ができる前に動いても、タイミングを合わせることはできない。Ⓐもまた、Ⓑの動きを損なわないように素早く「自分の置き場所」にボールを収めよう。

Chapter 4
トラップ発展編

DFの動きを見て背後を取る

Ⓐがパスを出せる状態になった時、ⒷがDFの注意を引き、誘い出せているかが重要。それによってⒷがDFを外す動きは変わる。DFがどう動こうとしているかを見て、その背後を取るように鋭く動こう。

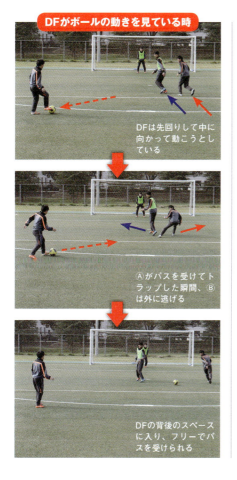

このトレーニングのポイント
DFの狙いを感じマークを外そう。フリーになった後は、ゴールの方向にしっかりとトラップする。

発展トレーニング05

練習時間 5〜10分　人数 5人

相手を外してトラップ〜シュート②
（後方からのロングボールを受けて）

発展トレーニング04（132ページ）の長距離バージョン。受け手の動き出しでDFを外し、ロングボールのパスを受けてシュートまで持っていく。

Menu内容

Ⓐ がⒷにパスを送る間にⒸはDFを誘い出すように動く。Ⓑ が「自分の置き場所」にボールを収めた瞬間にⒸはDFを外す。ⒸがDFを外すタイミングで、ⒷはⒸに向かって浮き球のパスを出す。Ⓒはそのパスを受けてシュートを打つ。

このトレーニングの動き方

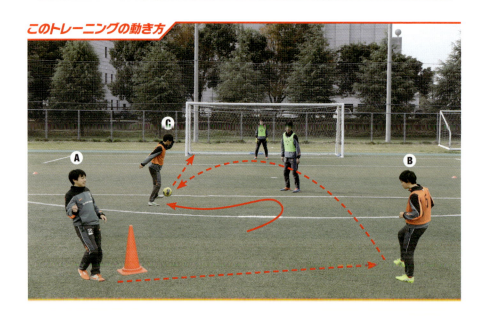

「自分の置き場所」に置けなければロングボールは蹴れない

Ⓑはパスを受ける際、しっかりと「自分の置き場所」にボールを置けなければ、正確なロングボールを蹴ることは難しい。また、逆に「自分の置き場所」にボールを収めることができれば、それが受け手に対しての動き出しの合図となる。

Chapter 4
トラップ発展編

ロングボールはより繊細なタッチで行う

浮き球のロングボールは、至近距離でのグラウンダーのパスよりもパワーが強く、さらにボールを受けるために自分が走る距離も長くなる場合が多い。互いに強い勢いでぶつかることになるため、トラップではより柔らかく繊細なタッチが求められる。

足先の柔らかなタッチでボールを足元にコントロールしよう

DFの逆を取ってフリーになる

発展トレーニング04（132ページ）と基本的な動きは同じ。パスがロングボールになるので、DFを見て、空いているスペースでもらうというよりも、より積極的にDFを外してフリーになり、ボールを呼び込むイメージで。

Ⓑがトラップする前に、ⒸはDFの背後を狙うように動き出す

❶の動きで背後を警戒して、後ろに重心がかかっているDFの逆を取るように急ストップ

急激にDFから離れるように動くことでDFを外し、フリーの状態になる

ロングボールを丁寧にトラップして、そのままシュートまで持っていく

このトレーニングのポイント
出し手と受け手のタイミングへ理解が深まればDFを外してゴールの近くでボールを受けられる確率も高くなる。

発展トレーニング06　練習時間 15分　人数 6人

三角パス⑤
（密集で相手を外してパスを受ける）

狭いスペースの中であっても、瞬時の判断と動き出しで相手のマークを外してボールを受ける練習。

Menu内容

3人が約5m間隔で立って三角形を作り、中にDF2人、攻撃側の受け手1人が入る。外側の3人はパスを回しながら、中にいる受け手の選手にパスを出すチャンスをうかがう。受け手はDFを外すように動いてボールをトラップして外の選手にパスを返す。DFは受け手にパスが通らないように守る。

このトレーニングの動き方

外の3人、中の受け手共に、敵と味方の状況を把握して動くことを意識する

外の選手がパス回しをしている間に、中にいる受け手の選手はどのタイミングならパスを出してもらえるかを判断する。3人の選手にボールが回る中でチャンスを逃がさずにパスを受けに行こう。このトレーニングでは、外さなければいけないDFが2人いるので、それぞれのDFの動きや体の向き、重心にも注意を向けておく必要がある。

外の3人、中の受け手共にボールを奪われるのを恐れて慎重になりすぎると、いつまでもパスはつなげない

Chapter 4
トラップ発展編

タイミングよく相手を外してパスを受け取る

2人いるDFをどう外して受けに行くかがポイント。DFに動きを察知されないようにしながら、パスがもらえる瞬間がきたと判断したら、一瞬の動きでマークを外そう。

外の選手がボールを受ける直前は、まだDFの後ろにとどまっている

前に立つDFが後ろを見て、ボールから視線が外れたことを確認する

出し手がトラップでボールを「自分の置き場所」に置いたら…

素早く、DFから離れるようにして動き出す

受け手がDFを外した一瞬を見逃さないようにして…

出し手はDFが受け手に詰める前にすぐにパスを出す

発展トレーニング 06

動き出しが早くなりすぎてもパスは受けられない

出し手がパスを出せる状態になっていないのに、受け手だけがDFを外しても意味がない。外側の選手がパスを出せるタイミングをしっかりと見極めよう。

出し手がボールをトラップする前に受け手が動き出している

外側の選手のコントロールが乱れ、ボールが「自分の置き場所」に収まっていない

受け手はフリーになってはいるが、出し手はパスを出せる状態ではない

出し手がボールを「自分の置き場所」にセットしている間に、DFが詰めてくる

やっと出し手がパスを出せる状態になったが…

DFが受け手の側まで追いついているのでパスが出せない

Chapter 4
トラップ発展編

STEP UP TRAINING ステップアップトレーニング

止めないという判断も必要

受け手はDFとの距離が近いと判断したら、トラップせず外側の選手にボールを返すのも選択肢の一つ。プレーの余裕がどの程度あるか見極めて、トラップかダイレクトか選択しよう。

1 DFを一瞬外してパスをもらいにいく

2 フリーの状態でパスを受けることはできたが、DFとの距離はかなり近い

ノートラップで戻す

3 DFに完全に詰められてしまう前にダイレクトですぐに出し手に戻す

4 ボールを戻したら、立ち止まらずに再度、ボールを受けられるようにスペースをうかがう

5 受け手の動きにDFが対応することで出し手のプレーエリアにも余裕が生まれる

6 もう一度仕切り直して、DFを外すタイミングを狙いながらスタートできる

このトレーニングのポイント

狭いスペースであっても、タイミングよく相手の裏を取るように動きながら、パスを受け取る。

発展トレーニング07

練習時間 15分　人数 4人

3対1 ①
(2タッチ以上の連続禁止)

3対1のボール保持。連続するタッチ数に制限がある中でいつボールを動かし、いつボールを持った方が良いかを判断することが求められる。

Menu内容

約5m四方のグリッド内で3人が三角形を作り、DF1人を加えて3対1のパス回し。1人が2タッチ以上したら、次にパスをもらう選手は必ずダイレクトでパスを出す制限を設け、2タッチ以上が連続しないように行う。ボールを触られるか、2タッチ以上を連続させた人はDF役と交代する。

このトレーニングの動き方

ボールをつなぎ続けるためには、自分がトラップしても良いか、ダイレクトでパスをすべきか正しく判断する

「止める」「止めない」の判断が重要

2タッチ以上のプレーが連続するのは禁止なため、自分へのパスを「止める」「止めない」の判断が大切になる。次の選手が2タッチ以上触れるようにするには、自分が1タッチでパスするしかない。ダイレクトで出せる状況で無意味にトラップしても、次の人に迷惑をかけるだけ。どれだけ無駄な判断やタッチを省けるかを意識しよう。

DFとの距離感や味方の状況を見て、「止める」「止めない」の判断をしよう

Chapter 4 トラップ発展編

DFと距離がある場合は止めて引きつけてもOK

DFが近くの選手にポイントを絞って狙っているような時は、遠い位置にいる選手が、あえてボールを止めてDFを引きつけるのも手だ。DFと他の2人との距離を引き離し、あえて時間を作ることができる。

DFと距離があるのでトラップして一度DFを止める

DFを自分の方に引きつけてから、フリーな味方にパスを出す

この距離では、ボールを止めると取られてしまう。相手との距離を見て、しっかり判断しよう

DFが近い場合は止めずに正確につなぐ

パスを受ける時にDFが近くまで詰めていたら、ダイレクトでパスをつなごう。止めてしまうと、すぐにDFに詰められてボールを奪われてしまう。

パスを受ける時、すでに近くまでDFが迫っている

ボールを止めたら狙われてしまうので、ダイレクトでパスを戻す

このトレーニングのポイント

相手を意図的に動かすために、ボールを持った方が良いのか、止めずに動かし続けた方が良いのかを感じながら正確にプレーしよう。

発展トレーニング08

練習時間 **10分**　人　数 **4人**

3対1 ②
(リフティング)

3対1のパス回し。正確なトラップとパスのコントロールはもちろん、状況に応じたタッチができるかが求められる。

Menu内容

約5m四方のグリッド内で3人が三角形を作り、DF1人を加えて、3対1のリフティングでのボール回し。ボールを地面に落とさず、DFに触られないようにつないでいく。DFにボールを触られるか、ミスをしてしまった人はDF役と交代する。DFはリフティング中のボールは奪えず、パスにだけ触れる。

このトレーニングの動き方

約5m

浮き球をどう止めるか

浮き球のパスをトラップする時に、自分の位置やDFの状況によってどうコントロールするかが変わる。DFが近ければ短くコントロールしてすぐにつなぎ、遠ければボールを浮かせて時間を使うなど工夫しよう。状況を見て、どうトラップするかの判断が大切だ。

DFと距離がある場合は、ボールを浮かせて体勢を整えられる

Chapter 4
トラップ発展編

DFが来ている時は短く浮かせてつなげる

DFがトラップ際に寄せてきているなら、あまり時間をかけないように短く浮かせてすぐに次につなげよう。トラップする時間がない時はダイレクトでつなげてもいい。DFが来ているのに大きく浮かすとパスを狙われてしまう。

トラップ際にDFが来ている

短く上に浮かせて…

すぐに次の人へパス

ボールが悪い時は浮かせて体勢を立て直す

パスがずれたりちょっと高かったり、コントロールが難しい時はボールを少し高く浮かせて体勢を立て直そう。自分の体勢が悪い時も浮かせれば時間ができ、立て直すことができる。

パスがずれて体勢が悪くなってしまった

一度ボールを高く浮かせて…

その間に体勢を整えよう

このトレーニングのポイント
浮き球も意図を持つことによって触り方や触るタイミングを変化させ、DFに奪われないようにしよう。

発展トレーニング09　練習時間 15分　人数 10人

4対4+フリーマン

実戦に近い密集の中のパス回しで、トラップやボールをつなぐための判断やボールをもらうための動きなどを身につけよう。

Menu内容

15m四方のグリッドの中に4人1組となる2チームと、チームを限定しないフリーマン2人が入る。ボールを保持するチームは、フリーマンを上手に使い、数的有利を利用しながら、相手チームにボールを取られないようにパス回しをする。相手にボールを奪われたり、パスをカットされたりしたらフリーマンも相手側の味方となる。

このトレーニングの動き方

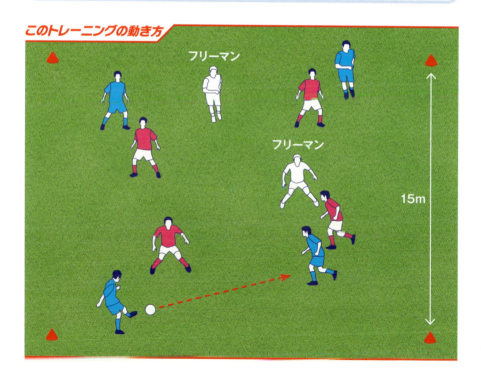

Chapter 4
トラップ発展編

味方から見え、パスがつながるポジションに顔を出す

狭い範囲に10人が入っているので、ボールを持っていない選手のポジショニングが重要。味方がパスを出せるタイミングになったら、パスをもらえる場所に体を運ぼう。

出し手が「自分の置き場所」にボールを置いたら…

DFを外してパスがもらえる所に顔を出す

止める時は「自分の置き場所」に収められるか

パスを受けたらトラップで止めるか、ダイレクトでパスをするか正しく判断する必要がある。止める時は、どこにどう動いてボールを受ければ「自分の置き場所」に収められるかを意識してみよう。

ボールを受けてトラップ。DFはまだ詰めてきていないので、しっかりと「自分の置き場所」にボールが置けている

DFが詰めてきても、「自分の置き場所」にボールがあるので、すぐにパスができる

このトレーニングのポイント
ボールを正確に止めつなげる、正しい判断でボールを扱う、そして、それを連続させるといった総合的な能力が求められる。

発展トレーニング 10　　練習時間 20分　人数 22人

11対11
（ペナルティーエリアの幅でハーフコートのゲーム）

ハーフコートで、さらに横幅をペナルティーエリアに合わせた狭いコートでの11対11の試合。

Menu内容

ハーフコートの横の長さをペナルティーエリアの幅に設定。そのコートの中で、通常と同じ11対11のゲームを行う。スペースが限られる分、技術と判断のより高いレベルが求められる。人数が変わらないのに対して、コートは通常の半分以下のサイズなので、技術、判断共にスピードが必要になる。

このトレーニングの動き方

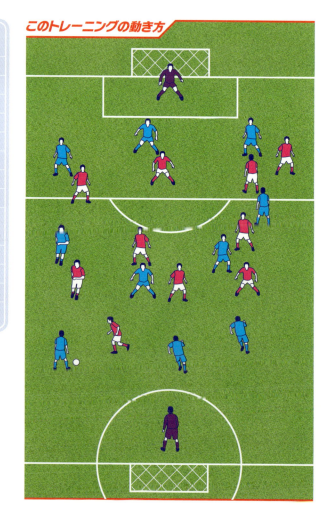

Chapter 4
トラップ発展編

技術スピードを上げ時間の無駄をなくす

狭いスペースでパスを受ける場合は相手に囲まれている状況が多く、常に正確な速いパスやダイレクトパスでボールをつなげる意識を持つ。トラップする場合も「自分の置き場所」にボールを確実に収めプレースピードを上げる。

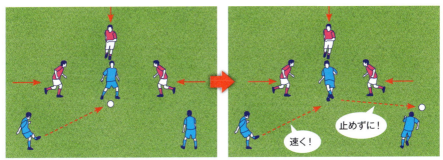

コートがかなり狭いので、パスや判断のスピードを通常よりも上げる必要がある。素早く判断して対応すれば、それだけ次にボールを受ける選手の余裕につながる

判断(思考)するスピードを上げ時間の無駄をなくす

パスを受けてからどうするかを考えていては遅い。受けたボールをどうするか事前に判断し、ポジショニングや体の向きを調整しよう。

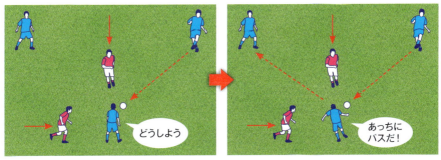

狭いコート内ではボールを受けると複数のDFにすぐに詰められてしまう。パスを受けてからボールをどう扱うかを考えるのではなく、常にDFの動きや他の味方の動きに意識を向けておき、考える時間を短縮しよう

このトレーニングのポイント
コートが狭く、相手との距離も近いため技術的なスピード、判断するスピードを上げ、プレー中の無駄をどれだけ省けるかが大切になる。

トッププレーヤーの「神」トラップを厳選！
トラップセレクション No.11
152ページでプレー解説

2001-02プレミアリーグ アーセナル vs ニューカッスル戦

Trap Selection No.11
ベルカンプ（オランダ）

稀代のテクニシャンが魅せたトリックターン

　2001-02シーズン、プレミアリーグ第28節。首位を独走するアーセナルが、アウェーのニューカッスルと対戦した。
　前半11分、ピレスのパスを受けたベルカンプは、1タッチでDFの裏にコントロールし、ボールの反対方向にターンしながらDFをかわして冷静にフィニッシュを決めた。ファンが選ぶアーセナル歴代ベストゴールに選ばれた、伝説的なシーンとなった。

Chapter 4
トラップ発展編

Zinedine Yazid Zidane

5万人を沸かせたジダンのルーレットトラップ

　2004年8月、ジャパンツアーで日本を訪れたレアル・マドリードが東京ヴェルディと親善試合を行った。

　ジダン、ベッカム、フィーゴなど、銀河系軍団の名に相応しいスター軍団を一目見ようと、味の素スタジアムには5万人の観客が詰めかけた。そして前半9分、ロナウドのパスを受けたジダンが、代名詞のルーレットでのトラップから先制弾。超満員を沸かせた。

トラウムトレーニングのプレー解説!

トッププレーヤーの「神」トラップを厳選!
トラップセレクション No.11
ベルカンプ

2001-02プレミアリーグ　アーセナル vs ニューカッスル戦

背後のDFを幻惑するオリジナル裏街道

　2001-02シーズン第28節のニューカッスル対アーセナルで、ベルカンプが絶妙なトラップから決めたゴールです。

　シーンを振り返ると、左サイドのピレスからペナルティーアークにいるベルカンプへ、ややバウンドした早いパスが送られます。ボールはゴールに背を向けたベルカンプの正面ではなく、やや左側にずれたところへ。

　この時、ベルカンプは両足を着いて立ち止まっているDFを見て、左回りにターンしながら左足のタッチでボールを引っかけ、体を進める方向とは逆側へ流しました。ボールは目の前にいたDFの右側を通り、ベルカンプは左側を回ります。

　バックスピンがかかったボールは、待ち合わせたようにDFの背中側でベルカンプと合流し、きれいに足元に収まりました。

　ボールがややずれたことで生まれたトラップですが、ボールをどう触ればどう転がるかを知り尽くしていなければ、とっさの判断では決して動作できないし、高い技術があってこそ選択できたプレーだと思います。

　合流後はボールを動かすのではなく、自由にシュートが打てる「自分の置き場所」に体を回り込ませてセットし、冷静にサイドネットへシュートしています。大胆な発想と基本に忠実なプレーの融合で生まれたスーパープレーですね。

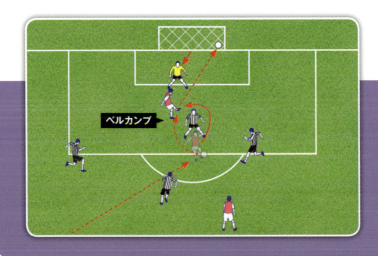

Chapter 4
トラップ発展編

トッププレーヤーの「神」トラップを厳選！
トラップセレクション No.12

ジダン

2004ジャパンツアー
R・マドリード vs 東京ヴェルディ戦

DF2人の門を突破した代名詞的なプレー

　2004年にレアル・マドリードが行ったジャパンツアーで東京ヴェルディと対戦した時にジダンが魅せた華麗なトラップからのゴールシーンですね。

　左サイドのロナウドからの横パスを受けたジダンが、反転しながら足の裏で巻き込むように前方にコントロールし、寄せて来ていたDF2人を置き去りにしたプレーです。

　まずロナウドのパスがやや ゴールから遠い方の足へずれてしまったことがポイントになります。

　ジダンは初めからルーレットのように回ってトラップしようと思っていたわけではなく、パスがずれたことで瞬時にこのプレーを閃いたのだと思います。

　寄せて来るDFの間を抜けてしまえば、次の瞬間にはフリーになって、何でもできる「自分の置き場所」にボールを置くイメージですね。そのイメージを実行するテクニックが、ジダンの中では子供の頃に培ったルーレットのように反転するトラップでした。

　そしてトラップした後のプレーも秀逸です。何でもできる場所にボールを置いたジダンは、シュートではなく、一度ボールをまたぎます。GKはシュートを警戒しているので思わず反応してしまい、バランスを崩し尻もちをつきます。ジダンはその隙に冷静にゴールを決めました。トラップからゴールまでジダンの即興性の高さに沸いたシーンでした。

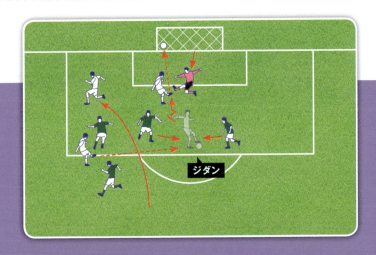

153

"夢を持つ"ことから常に"夢を創りだす"選手・人

私が闘ってきた世界のトッププレーヤーも、そして今も一緒にサッカーをしている仲間たちも小さな頃にボールという"友"を大切に、しっかり技術を身につけてきたからこそずっとサッカーを楽しめるのです。

本当の技術とは一度しっかり身につければ絶対に裏切らないものです。また、私にとってサッカーボールは、辛いこと、悲しいことを忘れさせてくれる友でもあり、世界中の仲間とつないでくれる"友"でもあります。そのためには、ボールが自分の思う通りに動いてくれる本当の"友"にならなくてはいけません。ボールは蹴った分だけ、触った分だけ正直に言う事を聞いてくれます。子どもの頃からしっかりとした基本技術と自ら取り組む大切さ、そして自分で考える力を身につけることが必要です。サッカーを通して自らに期待し、望むことを身につけてほしいと思います。

これは、あらゆる場面できっと役に立つことです。

"夢を持つ"ことから常に"夢を創りだす"選手・人になってもらいたいです。

トラウムトレーニングのトラウムはドイツ語で"夢"という意味です。夢のトレーニングではなく、自らに期待し自分で夢を生み出すトレーニングを意味します。そして自らそれを創り出せたとき、何より素晴らしい自分の"夢のトレーニング"になります。コーチ・多数のプレーヤーコーチで、そんな子どもたち一人一人と楽しくサッカーに打ち込む場所を作っていきます。さらに、その場所を全国に多く作っていきたい。それが私たちの"トラウム"です。

父母の皆様も子どもたちに期待し、一緒に楽しんでください。

トラウムトレーニング代表　風間八宏

Epilogue

©NIKE

TRAUM TRAINING紹介
トラウムトレーニング

トラウムトレーニングとは？

　トラウムトレーニングは、現在、Jリーグ・名古屋グランパスを率いる風間八宏が、筑波大学の監督を務めていた時代に立ち上げたサッカースクールです。「サッカーが大好きな子供達には、どこにいっても何を言われても、本当の意味で自由にサッカーを楽しんでほしい」という風間の想いの下、2010年に活動をスタートしました。

　トラウムトレーニングでは、サッカーにおける技術を「ボールを扱う技術」「体を扱う技術」「頭を使う技術」と大きく三つに分けてとらえています。そして一人ひとりの選手がこの三つの技術をそろえ、それがバランスよく正三角形を形づくりながら、大きくなっていくことを目指しています。

　そんな三つの技術の内、「ボールを扱う技術」は最も重要です。そしてその基礎となる「止める・蹴る・運ぶ」——サッカーにおける"当たり前の技術"をしっかり身につけるために、日々、さまざまなトレーニングに取り組んでいます。

　"当たり前の技術"にどこまでこだわれるか…。この「こだわりの差」が、サッカーの中では大きな未来の力になってくると思います。

自分が思ったように自由にボールを扱えるようになるため、「止める・蹴る・運ぶ」の質に徹底的にこだわる

足のどこでボールのどこを触わるとどうなるのか？を意識。それが自然に身についていくようにトレーニング

Plofile

トラウムトレーニングでは、子供たちがこういった"当たり前の技術"を突き詰め、いつでも、どんな相手とでもブレずにプレーできるようになって欲しいと願っています。そしてその技術という武器を使って、自分の発想を思う存分に表現したり、自分の意志で思い切りサッカーを楽しんだりできる選手を育成したいと考えています。

トラウムとは、ドイツ語で「夢」を意味します。自らが望み、自分に期待して、どんどん「夢」を生み出していける選手をたくさん送り出すことが、トラウムトレーニングの「夢」でもあります。

風間八宏監修サッカースクール　トラウム トレーニング
TRAUM TRAINING

■トラウムトレーニング事務局(トラウムハウス)
〒305-0005
茨城県つくば市天久保3丁目19-9
Hi・ValleyII102号室

■トラウムトレーニング ホームページ
http://tratre.com/
facebook
https://www.facebook.com/traumtraining/
Twitter @traumtraining

スクールでは年齢や体の大きさ関係なく、色々な選手とプレー。この中で技術と発想を磨く

風間八宏によるトラウムトレーニング指導者への研修。選手に向き合う姿勢から技術の目的・認識・伝え方など多くの投げかけがある

TRAUM TRAINING紹介
トラウムトレーニング

スクール一覧

≪北海道≫
旭川校（年長〜小学6年生）
富良野校（小学3年生〜6年生）

≪茨城県≫
つくば校（5歳〜18歳）
水戸校（小学1年生〜高校3年生）

≪栃木県≫
壬生校（小学1年生〜中学3年生）

≪千葉県≫
柏校（小学1年生〜6年生）

≪岐阜県≫
岐阜校（小学1年生〜中学3年生）

チーム一覧

≪北海道≫
TRAUM SV 旭川（U-15／旭川市）

≪茨城県≫
TRAUM SV（U-15／つくば市）

≪栃木県≫
TRAUM SV壬生ガールズ
（U-12女子／壬生町）

（2019年7月現在）

つくばウェルネスパーク
セキショウ・チャレンジスタジアム

撮影協力

つくば市山木1562番地
http://www.tsukuba-wp.com/

マイナビ出版のスポーツ実用書のご紹介

伸びるテープと伸びないテープを使った 最新スポーツテーピング 第2版

監修／ニチバン株式会社 野田哲由
定価／本体1,400円＋税
ISBN978-4-8399-5739-1

テーピングは、ケガを負った患部を適度に固定することで、再発予防や回復補助に役立ちます。本書は非伸縮テープできっちり固定する巻き方に加え、伸縮性に富んだ素材のテープを使った巻き方などもていねいに図解しています。Jリーグクラブをはじめ、さまざまなアスリートのサポート実績がある、株式会社ニチバン、了徳寺大学教授・野田哲由氏が全面監修。身体の部位、さらにスポーツ競技別で起こりやすいケガや症状にそった手法など、進化を続けるテーピングの最新テクニックが満載です。

走るのが速くなる俊足教室

監修／朝原宣治
定価／本体1,480円＋税
ISBN978-4-8399-4951-8

オリンピック、世界陸上などで活躍した、陸上短距離・銅メダリスト（北京オリンピック4×100mリレー）の朝原宣治氏によるスプリント力（短距離走力）向上のための実用書です。本書では足の運びや腕の振り、また「体幹」部分の使い方など、正しい走り方の基本を紹介します。速く走るために必要な要素、動作を分かりやすく、より簡単な実践方法にしてあります。小〜中学校時期に取り組みたいコーディネーション・トレーニングのメニューも詳しく紹介します。

DVDでわかりやすい ケガと痛みに効くストレッチ

著／伊藤和磨
定価／本体1,800円＋税
ISBN978-4-8399-4626-5

テレビや雑誌などでも活躍する人気トレーナー、伊藤和磨氏によるストレッチ＆身体調整法のDVD付実践書です。本書では、ケガや痛み、もしくは蓄積した疲労などによって低下した筋肉の柔軟性と関節のモビリティ（自由度や可動性）を改善するためのストレッチを紹介します。スポーツのパフォーマンスを向上させたい人、身体が硬くて従来のストレッチが苦手な人にもお勧めの一冊です。本当に正しい「ストレッチ」の方法を知れば、スポーツや日常生活で本来のパフォーマンスが発揮できます。

走らないランニング・トレーニング

著／青山剛
定価／本体1,500円＋税
ISBN978-4-8399-4019-5

初めてのフルマラソン完走、早い指導に定評のある著者が、アスリートとして、また指導者としての経験をもとに確立した、一般ランナーのための「長距離ランニング・トレーニング」のノウハウを完全公開します。無理して、走らなくてもランニング能力をアップする「体幹スイッチエクササイズ」、初心者でも8カ月でフルマラソン完走を目指すプログラム等をはじめ、仕事が忙しい人でも3日坊主で終わらないトレーニングの具体的な方法を紹介します。

家庭でできる！勝つためのスポーツ「食」

著／河村美樹
定価／本体1,480円＋税
ISBN978-4-8399-4974-7

日々のトレーニングは身体鍛えるプラスの効果と共に、体内のエネルギーを消費したり、筋肉を破壊する等のマイナスの要素も含んでいます。当然、使ったものを補引、壊れたものは修復する材料や時間が必要です。本書は、スポーツ競技者のための「食事」をテーマに活用しやすい情報、コンテンツを厳選。試合の前日〜当日の食事、疲労した時やケガをした時に食べるとよいもの等、「本当に必要な情報」を「子どもやお母さんでも分かる、実践できる」ように説明していきます。

業界No.1自転車バカが教える 自転車あるあるトラブル解決BOOK

監修／菊地武洋
定価／本体1,500円＋税
ISBN978-4-8399-4627-2

自転車ツーリングを楽しむ上で、起こりがちな様々なミスやトラブルのシチュエーションを「あるある」ネタとして紹介しながら、そのトラブルの対処法を提示する実用書です。1人ではすべて理解し得ないメンテナンスやセッティング、そしてライディングの実践的内容を図説やイラストで、ビジュアライズして紹介します。経験の浅いライダーにとってはトラブルを未然に防ぐため、また、ある程度経験を積んだライダーにとっては「あるあるネタ」の読み物として楽しんでもらえる一冊です。

新版 風間八宏の
サッカースクール トラウムトレーニング
トラップが身につく本

2019年7月30日 初版第1刷発行

監　　　修	トラウムトレーニング
発 行 者	滝口直樹
発 行 所	株式会社マイナビ出版 〒101-0003　東京都千代田区一ツ橋2-6-3 一ツ橋ビル2F 電話　0480-38-6872【注文専用ダイヤル】 　　　03-3556-2731【販売部】 　　　03-3556-2735【編集部】 URL　http://book.mynavi.jp
編集・構成	竹田東山／倉本皓介（青龍堂）
執 筆 協 力	篠 幸彦
写　　　真	高橋 学
イ ラ ス ト	アカハナドラゴン
デザイン・図版制作	雨奥崇訓（oo-parts design）／小林正俊
印 刷 ・ 製 本	中央精版印刷株式会社

※定価はカバーに記載してあります。
※乱丁・落丁本についてのお問い合わせは、TEL：0480-38-6872【注文専用ダイヤル】、または電子メール：sas@mynavi.jpまでお願いします。
※本書について質問等がございましたら（株）マイナビ出版編集第2部まで返信切手・返信用封筒を同封のうえ、封書にてお送りください。お電話での質問は受け付けておりません。
※本書は著作権法上の保護を受けています。本書の一部あるいは全部について、発行者の許諾を得ずに無断で複写、複製（コピー）することは著作権法上の例外を除いて禁じられています。

©2019 TRAUM TRAINING　©2019 Yukihiko Shino　©2019 Seiryudo
©2019 Mynavi Publishing Corporation
Printed in Japan
ISBN978-4-8399-7062-8 C0075